経営品質の時代
―世界と自立―

大島俊一 著

成文堂

まえがき

　本書は21世紀に入り，20世紀の負の遺産とみなされる様々な政治・経済分野での根深い確執が，一挙にその臨界点を超えたかのように噴出し始めた頃からの企業社会の変革状況を，ひと・もの・カネ，そして情報ネットワークの世界的な再構築や徹底した合理化及び物流を中核とした経営効率化の意図する方向性と目標（到達点）を明らかにしようとしたものである。

　20世紀を駆け抜けた資本主義社会は，世界に根深い東西・南北問題を現出させたままで先進欧米諸国の国際通貨の下に，自由主義経済体制を指向しない国々を世界市場という舞台に引き上げて，グローバル・ネットワークという情報・物流（陸・海・空）の支配する国家体制を構築してきた。しかしながら，世界の国々の実態は，未だに対ドル関係の一点を見ても，余りにも自国の為替の交換レートが低い国が多数あり，「富める国と富まざる国」の差異を当然のことのように認識させている。

　各国の経済主体が国家から企業や家計に移行していることは事実であるが，その経済主体たる企業活動と企業そのものの役割形成の中身は，依然として国の存在基盤となっている宗教や民族，そして体制（民主主義 vs 共産主義 vs 社会主義 and 独裁主義と呼ばれるもの）によって，実態は似て非なるものとなって共存している。

　貿易・通商を始めとするあらゆる産業分野で国際的統一基準設定への機運が資本主義国の間で浸透しているものの，その基準を遵守する姿勢は各国によって対応が不統一であり，わが国のように米国の法律が一変すると直ちに基準を適合させようとする先進国は余り見られないように思われる。というのは，筆者は2000年の夏から2002年6月にかけて，4度に渡り調査研究として世界の物流拠点とされる事業体を公式訪問する機会があり，アメリカ，イギリス，フランス，ベルギー，オランダ，ドイツ，上海，香港，マレーシア，シンガポールの空港・港湾，ターミナル，食品卸売市場，各種モール等

を視察して，現場の直接担当者たちと数多くのミーティングを行なった結果，公的私的の別を離れて，会社法人のあり方や経営者層の意識の違い，そして何よりも中間管理者層の管理業務に対する姿勢がわが国のそれとは大きく異なっていることを実感したためである。

詳細は本論にあるので，ここでは省略するが，こうした得難い現地視察体験を通して，従来とは大きく様相の異なるビジネス・マインドに接したことで，世界的動向となっている証券金融市場や物流・情報分野での動向を改めて精査していくに従って，わが国が現下での景気低迷の時期を如何にして脱却するか，そしてまた国際社会の中で優位性を本当に確立していけるのかといった問題を真剣に考えるようになってきた。

筆者は，その解決策を研究者の立場から，わが国の1980年代後半から，今日に到るまでの法案の整備状況を検討することから始め，その導きの糸として，以下の3つを柱として，その方向性を収斂していった次第である。即ち，戦後第13番目となった平成7年の「新経済計画」，平成9年4月と5月に閣議決定された「総合物流施策大綱」「経済構造の変革と創造のための行動計画」である。

本書の構成は次のようになっている。

第2章は中部大学経営情報学部論集（第16巻第1号，2002.3），第4章は中部大学産業経済研究所紀要（第11号，2001.3），第6章は中部大学産業経済研究所紀要（第12号，2002.3）に発表したものである。その他の章は，今回の本書作成に対して未発表論文を整理したものと新たに書き下ろした論文である。構成上は全体を通じて論調を統一すべきであると考えたが，各論文の視点と目的が異なることを尊重して，全体として時系列的に揃えるに止めることにした次第である。

上記にあるように，筆者としてはここ数年の世界情勢を各国の諸都市で体感する機会に恵まれたことで，今日まで身に付けていた知識や経験を一度徹底的に審議し直す必要性を感じていただけに，現実の業界動向の問題点を摘出していく中で自分の研究対象を「株式会社とは何か」という根本的な課題

を脳裏に置きながら，自分の求めるものの方向性を確定したいと考えている。

　というのも，今から約30年前の学部の卒業論文のテーマが「株式会社論」であって，その折は大塚久雄教授の著作集を基にカール・マルクスやマックス・ウェーバーの著作の多くを友人たちとの二年間の勉強会の成果として，主に歴史的発展過程イギリスの産業革命を起点として株式会社発生史を中心に，その法的整備状況を追い求めていたのであるが，その折に南海泡沫会社法や世界最初のオランダの東インド会社についても若干考察の手を染めていたことから，2000年からの視察の中で新装なったブリティッシュ・ミュージアムやロッテルダムやアムステルダムの港街をこれまた略30年振りに訪れた折，意識の古層に澱んでいた記憶が甦り，その反動としてわが国の大企業のこの十年間の動向が納得いかないものとして強く意識されるようになったのである。

　筆者にとって，この度の著書は現実を見る眼（内田義彦教授の複眼的思考）の強化と自分の積年のテーマを構築するための第二の契機となっている。とはいえ，本書に示したように，わが国の経済は国際化の中で大きな変革を余儀なくされ，また大変貌を遂げなければ発展は望めないことは明らかになってきていることは歴然たる事実である。

　それ故，変革の波の根底に位置すると考える要因を捕捉しながら，あるべき現実の方向を求め，わが国の施策の中で最も実効性のあるものを遡及した経緯を明らかにしていくことにしたのが本書の中身である。

　それにしても，一つの時代を考察するということは，一人の人間にとって過去となった時代の持っていた特性を抽出し，検証を重ねていく作業を伴うのは避けられないものである。即ち，過去を過ぎ去った時間や出来事の集積としてだけではなく，そこに次の時代への継承があったという主たる理由付けがなくては，歴史は現代に何も語りかけることはないからである。歴史の教訓とされてきた証言の数々に素直に耳を傾け，そしてその袂に飛び込む意志がなくては，自分自身の歴史観を到底構築することはできない。歴史は絶

えず，現代に語りかけており，未来への扉の方向を示し続けていることを信じて，この時代の趨勢を見極めていきたい。

　最後に，今回もまた成文堂の阿部耕一社長と編集の本郷三好氏にお世話になり，両氏の好意がなければ，この本が世に出ることはなかったことを記しておきたい。

　　2002年12月25日

　　　　　　　　　　　　　　　　　　　　　　大　島　俊　一

目　　次

まえがき

第1章　アメリカの企業文化……………………………………… 1
　　はじめに ……………………………………………………… 1
　　Ⅰ．19世紀アメリカが残したもの ………………………… 3
　　Ⅱ．アメリカ流資本主義の世界戦略 ………………………10

第2章　企業社会の構造変革………………………………………23
　　　　－大企業からの離脱－
　　Ⅰ．伝統的組織人 ……………………………………………23
　　Ⅱ．「脱会社人間」化と企業組織 …………………………29
　　Ⅲ．企業の役割と課題 ………………………………………37

第3章　経営者精神の継承と変革 ………………………………49
　　はじめに ………………………………………………………49
　　Ⅰ．経営者像と時代性 ………………………………………50
　　Ⅱ．商人意識の変容 …………………………………………59
　　Ⅲ．経営者とは ………………………………………………63

第4章　21世紀の企業経営 ………………………………………71
　　はじめに ………………………………………………………71
　　Ⅰ．わが国の産業構造改革 …………………………………73
　　Ⅱ．ビジネスの進化 …………………………………………77
　　Ⅲ．経営目的の変更 …………………………………………81

第5章　産業構造改革と総合物流化施策……………………95
  はじめに……………………………………………………95
  Ⅰ．総合物流施策大綱の概要 ……………………………97
  Ⅱ．わが国の物流施策………………………………………105
  おわりに……………………………………………………115

第6章　新総合物流施策大綱……………………………………119
  はじめに……………………………………………………119
  Ⅰ．前「総合物流施策大綱」の概要………………………122
  Ⅱ．新総合物流施策大綱……………………………………127
  Ⅲ．新物流大綱の波及性……………………………………144

第7章　トップ・マネジメントと商法改正……………………157
　　　　－忍び寄る法社会への胎動－
  はじめに……………………………………………………157
  Ⅰ．政府の動向………………………………………………159
  Ⅱ．今回の改正商法要綱案…………………………………164
  Ⅲ．リーガル・マインド……………………………………175
  おわりに……………………………………………………184

第8章　企業経営と新日本戦略…………………………………193
　　　　－物流改革と法制度改革への視点－
  はじめに……………………………………………………193
  Ⅰ．大綱の透視図……………………………………………195
  Ⅱ．旧大綱に含まれる法律…………………………………199
  Ⅲ．大綱の記述文と法律の相関……………………………204
  おわりに……………………………………………………209

あとがき

第 1 章
アメリカの企業文化

はじめに

　現実の社会を彩る様々な動向の中から，最も現代的な潮流と考えられるものを摘出し，それが21世紀社会のブレイクスルーとして，あらゆる産業企業の方向性を決定するという視点の下に，その最先端を為す具体例の検討を進める中で，気が付いたことがある。それは19世紀の末期から20世紀初頭の期間内における同一分野での出来事との相関である。もっと具体的に言えば，過去に目をやれば現代の様々な潮流が全く新しいものではなく，忘れられた過去に内在していた技術革新の成果が，姿を変えて復活したものでしかないのではないかという疑問が大きくなってきたのである。

　19世紀のアメリカ機械技師協会の活動の成果が，近代的管理成立の源泉（現代企業経営の原型の生成及び管理のマニュアル化と標準化の成立時期）であるという研究を長年続けている筆者の眼からは，この150年間の歴史は，あたかも水底（過去）から水面（現代）を見上げながら浮上したり，また潜水を繰り返す研究生活の中で現代の様々な動向を概観する時，歴史の動向分析にはある一定の波動があるように思えるのである。アメリカの研究成果としては，拙著『近代的管理の成立』成文堂，1997，にまとめてある。

　こうした研究を進める中で，アメリカ社会が一世紀前に経験して来たことと同様の動きが，現実の日本に起こっていると考えられるのではないかと思うことが最近多々あり，業界再編劇の背後に蠢(うごめ)く巨大な国際的財閥間の業界分割と新しい産業管理システム構築への意図が見え隠れしているように思うようになってきた。

例えば「特許」の問題である。これは筆者の現状での最大の関心事であるが，アメリカでは憲法に「科学と有用な技術を振興するために，ある一定の期間を限って著者や発明者に，それぞれの著作物及び発見に対して独占権を確保する」（第一条・1787）と明記しているのであって，特許権保護の思想が早くも独立直後から存在している。特許局が設立されたのは1790年である。本論はこの「特許」について論究するものではないが，アメリカが最近ビジネス・モデル特許といったものを押し付けて，わが国の製造企業の多くから莫大な使用料を取っていることを知るにおよび，アメリカの経済発展，ことに株式会社制度の意味するものを今一度，アメリカ史を検討することから始めようと意図しているのである。またそれを知る事が，わが国の置かれている現状を正確に捕捉するための必要不可欠な行為であると考えた次第である。迂遠に思えるかもしれないが，眼前の新動向に右顧左眄するばかりでは本質を見極めることは出来ず，益々目先のテクニックに幻惑されてしまうからである。

　アメリカは最近になって様々な標準化（Standard）を矢継ぎ早に提唱していながら，この特許の出願公開制度がないのである。日本を含む他の国々では出願された特許は約一年半後には公開されているのに，アメリカでは審査中は一切，特許出願内容が公開されないのである。しかも，これがいつ公開されるかも判らないのである。自由主義社会の旗手として「フリー，フェアー，グローバル」の掛け声を上げながら，その裏側でこのような独り占めを認めている点を指摘しないのは納得のいかない最大の謎である。わが国の様々な分野に見られる「遅れ」（実際はかなり進んでいるものも多いと考えるが）を見越してのアメリカの侵略をどのように食い止めるかが，21世紀のわが国の喫緊の課題である。

　それ故に，本稿では現代の動向表出の根源と考えている19世紀アメリカ社会の歴史的動向を再確認し，アメリカ経済の方向性を摘出することにした次第である。現象面での浮き足立った動向を精査するために，先ず筆者の視点を明らかにしておきたい。

Ⅰ．19世紀アメリカが残したもの

　18世紀から19世紀初めにかけてのアメリカの企業は，海運業，仲介業，卸売，小売業といった商業取引，殊に貿易を中心とした分野が主だったものであった。当時はまだ内陸交通も発展していなかったために，市場は海岸地域と航行できる大きな河川に沿った地域に限られ，ボストン，ニューヨーク，フィラデルフィア，ボルティモアといった大都市の商業地区に定住する商人（sedentary merchant）たちが，こうした企業を経営していた。

　そして通常彼らの企業経営は個人的に管理されている場合が多く，パートナーシップによる企業形態も，実質的にはそれに近いものであった。しかし急速に拡大する商業と生産の2部門の専門化により，企業形態は巨額の資本需要を喚起することができる法人形態の株式会社組織を漸次採用することになった。唯，基本的な商業活動のすべてを支配・遂行していたのはゼネラル・マーチャントと呼ばれる人たちであった。

　その後，1812年に勃発した米英戦争（-1814）[1]のために貿易業は大きな打撃を受け，利潤率も下降し始めるようになると，仲介商業に従事していたこれらの定住商人たちは，次第に資本を銀行業，輸送業，西部地域の土地取引業，製造業といった国内産業開発事業へと投資をするようになった。

　ところが新規の業務についての管理経験は皆無に等しく，それ故に工場現場や生産工程の管理は請負業者に委任することになったのである。内部請負制を敷く工場では，工場所有者の任務は財務，販売，工場，機械，原材料の仕入・購入などであって，製造過程に起因する諸問題はすべて請負人に一任すれば良かったのである。この請負人たちの出自は，ニューイングランド地方に多く居住していた機械工や熟練の職人であったので[2]，工場内の管理はこれらの職人たちの人格に依るところが大きかったのである。

　つまり企業は財務・販売・設備の提供を行なった商人たちによって組織管理され，現場である製造工場は手工的技術者による作業管理が独自に機能し

ており，この二つの統合は南北戦争(3)以降に持ち越されるのである。

　アメリカ経済の発展と経営管理技術の制度的確立を考察する際に忘れてならないのは，技術教育の普及や人口（移民と奴隷）増大，資源開発動向とその社会的・文化的環境の意義である。この点についてその特質を記述しておくことにする。

　①歴史的先行形態としての封建制度が存在せず，それがために社会階級が固定せず流動的である
　②中産階級が多数を占める国である
　③広大な未開地の存在，そして自由土地を持つ地域が存在している
　④西部移住の進展にみられる人々の熱狂的気質
　⑤移民と黒人奴隷の雇用が一般化していたこと
　⑥古い様式に対する反抗とその結果としてのフロンティアの徹底
　⑦物質文明の支配
　⑧憲法の遵守と平等意識の徹底
　⑨楽天的な国民性
　⑩機械好き

　上記にあるように，アメリカではヨーロッパに見られるような伝統的な価値体系は希薄であり，人々が「経済的成功」(Business in Success)を生きる目標としていたのであり，人々は経済的競争を実践するに際して，自由・平等・公正という価値観を基本とするビジネスの原則を普遍化させており，経営者の特徴を欧州各国と比較してみれば，アメリカでは企業倒産が重大に考えられたことはあまりなかったということである。因みにこうした経営者意識は，経営者の資質を問う場合，今日においても十分に考慮されるべき点である。

　一般的にアメリカにおける経済発展は，各企業間の不均等発展の結果であるとされているが，この発展の複合形態の中から，次第に実践され洗練されてきたのが企業の管理制度である。それ故，管理制度はアメリカ経済の「申

し子」とでも言い得るべきものである。

　勿論アメリカの初期の工場は，イギリス同様木綿工業部門に始まったのであるが，1830－40年代より小規模な製造業や金属加工業が北部地区で発展し，南北戦争以後の急速な鉄道と電信の成長に合わせるかのように，時計，靴，農機具，ゴム製品，衣類，木工品，小火器，楽器，皮革等のあらゆる産業部門へと波及するに至り，全州各地に工場制を下にした産業施設の建物が見られるようになったのである。

　またアメリカ経済の特質とされる製造工業における大量生産指向は，ニューイングランド地方に広く展開した機械工業，金属加工工業において着実に発展し，それ以前に見られた兵器，収穫機，裁縫機などの諸工業と共に，アメリカ的生産方式として定着していくのである。

　とはいえ，このような工業化による大量生産方式を可能にした背景には，アメリカに独特な技術発展の特徴が存在する。即ち
　Ⅰ．互換制部品組立（Interchangeable parts system）
　Ⅱ．アセンブリー・ライン・システム（Assembly line system）

　つまり，例えばある一つのものを製造する場合，その作業を多数の工程に分割し，労働者は専門的な単一職能の工作機械を用いて部品の製造に専念しながら，完成品に組み立てる方法と分割された作業工程を一貫して連続的な作業行程に統合し，全体として作業能率を高めるために考案されたシステムである。このシステムは後にヘンリー・フォード（Henry Ford 1863-1947）が20世紀に入って，自動車生産のために受け継ぎ完成させたものである。作業の分割化と連続性を一連の工程の中で実現したのが，今日「流れ作業方式」及び「ベルトコンベアー方式」と称されているものである。

　アメリカの建国以来二百数十年の歴史は，端的に言って「合州国」から「合衆国」へと発展したことに見られる。こうした方向性が加速したのはアメリカ資本主義の発展が飛躍的に拡大した19世紀半ば以降であるが，その直接的契機は何と言っても「鉄道建設」に求められる。

アメリカにおいて株式会社形式の企業が支配的になったのは1860-70年代以降のことであるが、この急速な発展は極めて大衆的に動員される資金と国内市場を基礎とし、次第に銀行資本が産業界に参入することによって産業界を支配し、統制するところの「金融資本」の成立をもたらすのであるが、この牽引をおこなったのが鉄道ブームである。鉄道というものは、国内市場形成という側面からみれば、言うまでもなくそれは広域交通網である。しかしこの鉄道建設は何分膨大な固定資本投資と、長期の期間を必要とするために、一般的にその建設は株式会社形式を採り、また時には公共資本形式をもって行われたのである。従って初期においては若干産業資本とはその蓄積様式や投資家層に基本的な差異が見られるのであるが、鉄道建設はアメリカ資本主義にとって決定的な起爆剤としての意義と内容を有していたのである。つまり鉄道はアメリカでは西部（農業）、南部（綿花）、東部（工業）、北部（商工業）を結び、各地に存在する豊かな天然資源と流入した移民によって開墾された未開拓の国土を発展させていくという資本主義国としては例をみない、一つの壮大な自律的再生産様式の形成を実現させたのである。しかも、鉄道建設は単なる交通部門の整備以上の意味を持ち、それ自体石油業や鉄鋼業と緊密な関係を結びながら重要基幹産業としての地位を占めるものとなったのである。それだけに1870年代には、鉄道会社では「管理」問題が最大の関心事となったのである。

本来ならば、ここで石油王のロックフェラーや鉄鋼王のカーネギー、そして金融王のモルガンなどにも敷衍すべきかとも考えたのであるが、世紀を跨ぐ筋道を措定するのが目的であるので、ここでは触れないことにする。というのも、これらの産業王の遺産は現代世界の隅々にまで、自己増殖を繰り返しながら生き続けているからである。

ここで筆者の研究範囲を示した表を掲載しておく。実際一国の歴史をどの様に考察していくかを決める独自の視点を明らかにするということは、それだけで一つの研究となると考えるが、経営管理発達史を研究の礎にしてきた筆者の認識の原点を措定して、先ずこれを明らかにしておくことで本論の意

図がより明確なものとなると考えている。確かにアメリカの企業経営を研究するということは，その生成発展史を抜きにしては語れないものであるが，通史的な視点と同時代的な視点の両方から，歴史のメルクマールとなったと考える動向を上げ，そしてそれらの波及性がどのように相関を果たしながら進展していったのかを導きの糸として考察していくことにする。

とはいえ，圧倒的な歴史の混在を一つの推論の下に描く作業は，同分野を始めとして，また専門を異にする分野の歴史的事件や発明，発見などをかなり看過し，意識的に捨象することは避けられないと考える。しかしながら，少なくとも以下に示した年代記が，その根底に「技術」と「経済」の発展に寄与したものであることだけは，筆者の視座を支えるための基準としている。

新大陸アメリカが世界のアメリカになっていく道筋を辿ることは，経済的自由がもたらした近代社会への離陸であったと言って良いだけに，これはその前史である封建社会の身分制度を民主主義の名の下に，個人の人権を擁護して開始された人類の壮大な実験であると考えることで，アメリカを知る事が，自国を知ることに直結するという思考は決して短絡的ではないと言って良い。実際，わが国の場合は幕末以来の約150年間はアメリカとの関係を抜きにしては語れないのである。こうした歴然とした事実認識を呼び醒ますことが，相手の立場を知り，また自分の位置を確かめることに繋がっていくものであると考える。

アメリカ史への視座

ボストン茶会事件（1773）→第1回大陸会議（1774）→
「自由かしからずんば死か」（パトリックヘンリー・1775）→
レキシントン・コンコードの戦い・第2回大陸会議）
Thomas Paine; *Common Sense*. 1776
→独立宣言（トーマス・ジェファソン起草・1776）

公有地条例（1785　640エーカー単位で売却）　合衆国憲法成立（1787）
旧大陸からの離脱……技術立国を目指す……国是

19世紀：「蒸気の世紀」

アメリカの技術教育の伝統（ベンジャミン・フランクリン提唱）
→米英戦争（1812）・第二次経済的独立
全欧諸国の独立戦争（1813）→ウィーン会議（メッテルニヒ・1815）
→最初の保護関税法（1816）→インディアン強制移住法（1830）→

アメリカ産業革命期に突入
欧州大陸からの技術・熟練職人の移民増加→
北部工業地域と南部農業地域の発展→

ワシントン・バルティモア間に始めてモールス式
電信機の実用化（符号の発明・1835）
カリフォルニア金鉱発見（1849）→西漸運動加速→
シンガー・ミシンの発明1851
衣服革命……既製服の出現

フロンティア-スピリット→大陸横断鉄道（1869）
アメリカン・ドリーム→ニューヨークへ

英自由貿易の確立（穀物輸入税・1846　航海条例等の廃止・1849）
イギリス「世界の工場」へ→

第1回ロンドン万国博覧会（1851）

→産業技術の成果としての水晶宮→技術の交流促進
→技術文化・接触→アメリカ出品作品（634）の優秀性の認知

→大英帝国；量産化への課題→万能工から単能工へ

　→**アメリカ・互換性部品組立（分業のメリット最大化指向）生産**
　　→大量生産へ→アメリカ製品の侵略→南北戦争（1861-65）
　　　　→土地貸与法（モリル法 Land Grant College Act・1862）
　　　　　　→州立大学の創設（農学部と工学部）
　→技術移転の全国的普及（Civil/Mechanical/Mining Engineer）
　　　　→生産組織改革・改良意識の増大→相乗効果
　　　　　→アメリカ機会技師協会設立・ASME（1881）
　→ H. R. Towne・The Engineer as an Economist 1886.
　　　→体系的管理：（J. A. リッテラー・命令系統の整備）
　　　　・能率増進運動→ F. W. Taylor・The Principles of
　　　　　　　　　　　Scientific Management. 1911.

1880年代独占資本の形成 vs シャーマン反トラスト法（1890）
対抗策：持株会社制度の設立（Standard Oil 発案）⇒ U. S. Steel
｛企業｝vs ｛労働組合｝（American Federation of Labor; 1881）

20世紀：「電気の世紀」

→ビジネス教育の必要性大⇒ワートン金融・経済学部・1881
　　カリフォルニア大学，シカゴ大学商学部開設・1898
　　ウィスコンシン大学，ダートマス大学・1900開設,
　　　→ハーバード・ビジネス・スクール（1908）開設
　　　→経営管理者の要請大＝**近代的管理の成立**

→企業の研究所創設急増・GE／スケネネタディ研究所など

　　　　　　→第一次世界大戦

> →産業管理の必要性大→
> リーダーシップ論の台頭→ H. ガント欧州視察旅行後提唱
> 巨大企業の成立⇒助長
> ⇒**資本「所有」と「経営」の分離鮮明に**
>
> 相対的安定期（1920年代）⇒**世界恐慌（1929）**
>
> 第一次ニュー・ディール政策・1932．金本位停止・1933．
> **グラス・スティーガル法**（広義には1933.6の銀行法の総称）
> 狭義には銀行，証券の分類を定めた4ヵ条を指す
>
> 景気の低迷期⇒長引く不況脱出
>
> **第二次世界大戦**
>
> アメリカが世界経済の牽引車としての役割を明確化
>
> **America as No. 1 へ**

II．アメリカ流資本主義の世界戦略

　前節において，筆者の今日までの研究領域の概要を改めてまとめたのであるが，アメリカが第二次世界大戦以降にもたらした世界経済への影響は，19世紀世界を大きく変革して行き，他国の生活文化にまで革命的と言えるほどの変化を与え，世界を一つの地球として意識させるという快挙を達成した。

　わが国を例に挙げれば，20世紀半ばから今日までの変化は，過去千数百年にわたるわが国の歴史を彩った為政者たちの誰も為し得なかった劇的で，しかも予想だにしなかった根本的な変革と生活様式を実現させており，アメリカナイズされた経済活動の成果の下に豊かな社会の国民としての自由を謳歌

しているのである。

　こうした事実認識は，今や老若男女を問わず当然のことのように受け入れられており，戦前までのわが国の置かれていた状況も，戦後から数年間に及ぶ極貧の生活経験も，遠い昔の出来事のように希釈化され，成熟した大人たちの間ですら回顧される機会も年々減少している有り様である。確かに敗戦の経験は，一国の歴史の中では大きな痛手に違いないことであるが，国民レベルでは，概ね賛同を得るほどの恩恵に浴す結果となっている。歴史に〔if〕はないとされるが，もし日本の戦勝で終わっていたならば，当然軍国主義の拡大は避けられなかったであろうし，覇権主義という野望の虜になって，更なる拡大戦争をしていたであろうことは，当時の軍部のあり方から考えてみても自明のことである。

　換言すると，アメリカのような「経済的自由」と「民主主義」を前提に，世界に対して一貫して共産主義からの離脱を説き，自由貿易を絆として友好を深めていくことはなかったはずである。そのように考えるならば，20世紀後半からの半世紀は，わが国にとっても大きな初めての「実験」であったという高所からの見識がもう少し江湖の各分野から登場しても良いように思われるのである。

　というのも，戦後僅か10年を経て「もはや戦後は終わった」と経済白書（昭和31）で宣言し，更にその後の10年でアメリカに追いつき，追い越す勢いを得たことは，わが国の産業人を中心とした「国産技術」の獲得への努力と情熱の賜物ではあるが，アメリカ（GHQ）が作り変えた戦後社会の変貌の現れ方が余りにも性急過ぎたことの功罪が，当時においてさえ大き過ぎたという反省が欠如していたことは否定できない。

　一般的には朝鮮戦争勃発(6)（1950）以降の特需の影響を背に受けて，わが国は経済的に立ち直り，10年後の1960年には池田内閣が声高に「所得倍増計画(7)」を提唱して，わが国は右肩上がりの経済発展を経験するようになり，ビジネスを戦争に擬えながら国富の増大に明け暮れたのである。

　その結果，「経済は一流，政治は二流」と称されながら，勤勉で均質な労

働者を会社人間に変容させながら，経済活動に邁進して，いつしか先進資本主義諸国間で世界経済の「旗手」及び「牽引車」などと囃子立てられ，数字上は1985年に世界一の債権国となったのは事実であるが，ペーパー・マネーの獲得は達成したものの，他国と比較して社会資本整備は信じられないほどに遅れてしまっていたのである。これは端的に言って，政治家や財界人が企業という経済主体の擁護に専念して来たことの悪しき結果である。つまり，国富は国民の生活の資質向上に転化すべきものであるという国家形成の大原則を軽視し，企業法人の増殖のみを是としたからに他ならない。

　これでは国家の繁栄と安全を司る政治及び政治家に対して，不信感を抱く国民が増大しても当然の帰結となる。今日においても，わが国ほど国民・一般大衆の存在を軽視した極端な「企業優先国家」は，先進諸国の中では突出しているのである。企業国家である故に，経済動向がすべての価値に優先するという錯誤の呪縛から脱することができないのである。

　厳然たる事実認識としては，アメリカのビジネスの強(したた)かさを甘く見ていたつけが，90年代に入って一挙に押し寄せて来て，21世紀初頭のわが国は正にこの潮流に飲み込まれてしまったかのような状況となっている。それ故に，今こそ歴史に学ぶ姿勢が何よりも求められるのである。アメリカの20世紀の目標は，世界に冠たる「産業国家」となることにあったのである。これには農業，工業，サービス業の「三位一体」が当初より意図されていたのである。

　企業の戦略ばかりが必要以上に喧伝されているのが，わが国の特徴の一つであると思われるが，アメリカは建国以来，国家戦略が常に第一義となっているところにその特質がある。これは大統領制(8)の賜物であると言える。国家形成の原理が「独立」と「建国」にあるという起点を頑(かたく)なまでに堅持しているという事実を認め，そしてもっと真剣に考えなければならないのである。

　とはいえ，戦後僅か十数年にして「日本的経営」が大きくクローズアップされ，また成功した理由の一つは，何と言ってもわが国の大企業各社がグループ企業優先のビジネスを徹底して追及したことに求められる。終身雇用や(9)

年功序列などの特徴も，これに比定すると二義的な問題に過ぎず，国民が挙って職場の「仕事」を最優先するという共通認識が家族にも成立していたからに他ならない。これは今日でも見られる国民性である。〔仕事〕という言葉の内包する〔絶対性〕と〔多義性〕が，個人の日常性を奪うということに，生きることの意味を暗黙の内に了解してしまう心理的作用が働いていると考えられるのである。

アメリカを手本として学ぶべきところは，かれらの持つ「個人主義」の持つ「権利」と「義務」の領域の明確化である。例えば，アメリカでは，決められた契約を超えるような職務を上司が仕事の都合上命じたとすれば，それはまた新たな契約をした上で，本人の了解を取りつけて行なうという手続きを取らなければならないのである。筆者が2000年8月視察に訪れたNY & NJ Port Authorityでは，そこで働く従業員に「明日急遽要人が来ることになったので，会議室とレセプション会場を整頓しなければならなくなった」と9時から17時までの勤務となっている人たちに伝える場合は，上記のような手続きが要るとのことであった。

日本のように簡単に暗黙の内に「残業」を納得させ，行使することは出来ないのである。もしこれが19時までとすると，時間給は割高になるが，問題としたいところは，従業員が残業を当然の如くに拒否することが出来るということであり，また何度でも同一の従業員が拒否しても，その人に対する人事効果が悪くなるということがないという点である。人間関係が時間管理の中で円滑に行なえるという点に，アメリカの労務管理の要諦が秘められているのである。こうした人間関係は，わが国では，中々望めそうにないのである。会社への忠誠心の現れがないとして《付き合い》の悪い人としての評価が定着したり，《あれはあんな人間だ》というレッテルを貼ってきたのが，残念ながら金太郎飴的組織・機能的人間集団と言われてきたわが国の職場の実態である。

権利意識の無自覚的相互崩壊作用が会社人間になって極端なまでに浸透しているのである。企業内では日本文化としての他者を思いやるという心根

が，何時しか「強制」や「押し付け」という感覚の中で消えて行き，目に見える世界だけが評価の対象となって，職場での人間関係を仕事と割り切って遂行する人が増大しているのである。

　これは自分が勤務する会社やまた自分に割り当てられている仕事に対して，社会との繋がりを考えさせて来なかった企業の責任であると共に，ビジネスに参加し，生活費を稼ぐという積極的な参加意識を持たなくなった人々の責任でもある。欧米の企業の場合は，企業の社会的責任が先ずあり，自社の製品に対する飽くなき追求によって，トップ自らがセールスに邁進し，また自分の経営理念と経営姿勢を絶えず部下たちに伝え，コミュニケーションの円滑化を図っているのである。

　アメリカ視察での一番の収穫は，トップが多数の部下の名前や経歴を知り尽くしているという驚きであった。わが国では常務や専務級の人たちが，社内移動中の廊下などで派遣社員やパートタイマーと出会った時に，その人の名前を瞬時に言って，声を掛けるという光景は殆ど見かけなくなっていただけに，大きな驚きとなっている。

　アメリカの強みは，ビジネス世界においては「考えられるすべての事態を経験して来た」ということである。前節で見たように，南北戦争以後から20世紀初頭にかけて大トラストを経験したり，労働争議に探偵社を使ったり，軍隊を派遣したり，金融恐慌を引き起こしたり，製造企業各社では「生産管理の時代」，「販売管理の時代」，「労務管理の時代」をそれぞれ数十年づつ経験しているのである。(11)(12)(13)(14)

　これをわが国は，アメリカ経営（学）として学習して来たのであるが，自分に関係する分野のみの知識を獲得していくという専門分野に埋没することになり，他分野の事は看過してきた帰来がある。頭で覚えることの便利さの前に，アメリカのその時々の実態や背後関係を把握しようという自己の努力を怠ってきたことは否めない。これはシステム思考としての道筋だけを理解した結果であると思われる。比喩的に言えば，登山に際して必携のルートマップは時間経緯と共に克明に理解したものの体験が乏しく，低い手頃な山登

りに専念しながら仲間を集め，まだ見ぬ天下の剣が峰をわが道のように踏破し，楽しむ山男たちの装備に対する徹底さや準備期間の長さや，真剣さ及び慎重さを見逃し，また軽視してきたことにあると考えられる。

　換言すれば登山という同じ行為であるものの，「規模」と「質」の違いについて自己の経験を余りに優先していき，その差異性についての徹底した認識や経営者としての感覚や「直観」を研ぎ澄ますことが少なかったように思われるのである。会社経営もこの登山と同様の意味があると考えることで，今一度日米の関係を再考してみることは，わが国の経営者には是非とも必要であると考える。

　というのは，一部の創業経営者は別にしてわが国の経営者の殆どが，現実的にはサラリーマン経営者であり，経営責任を一人で負うには余りにも，その権限と責任との乖離が大き過ぎるからである。例えば，倒産という事態を招いた時に，代表取締役にその責任のすべてを負わせるには，個人資産そのものについても，欧米のトップと比較すれば格段の差があり，とても損失の一部を補填することすら出来ないのである。

　景気が上向きの時は，「誰が社長になっても同じである」と言った声は，わが国でも企業トップ周辺から聞こえて来ていた。しかしながら，バブル景気が崩壊し，そしてその後も不良債権の処理が遅々として進まず経済の再生すら危ぶまれるようになった昨今の状況は，企業会計を国際的な標準化動向に適合させることになって，俄かに各分野での規制緩和や法整備が焦眉の急となって現れているが，このアメリカビジネスを前提とした標準化が果たしてわが国の企業経営に適合するかと言えば，それは数多くの課題を克服しない限りかなり難しい。

　というのは経営者，殊に代表取締役という職位にある社長の日常は会議の連続であり，眼前の計画遂行に時間が奪われ，数年及び数十年先の企業の計画策定や経営全般に対する現状把握や業務改革に勤しむという時間は，実は意外に少ないのである。況してわが国の現状とは乖離した法的な制度改革をもって自分の職務権限と責任を見直せと迫られても，限度というものが発生

して当然である。

例えば2001年4月中旬に法制審議会がまとめた中間試案は次のようになっている。

【取締役会などの見直し】

◎取締役の任期を最長2年から1年に短縮
◎少なくとも一人の取締役を社外から起用
◎経営機構は2方式から選ぶ
①現行の監査役制度のまま
　▽監査役の任期は3年から4年に延長
　▽3人以上の監査役のうち半数以上は社外から
②監査役制度を廃止，その機能などを取締役会に取り組む
　▽業務担当の経営幹部職として新設する「執行役」（執行役員）制度を導入する。代表取締役の代わりに「代表執行役」を置く
　▽取締役会の中に中立的な委員会を設ける。取締役の候補者選び，報酬の決定，執行役の業務監視などのため，指名，報酬，監査の各委員会を設置。各委員会は3人以上の取締役で構成，うち過半を社外取締役にする。株主代表訴訟の適否を判断する訴訟委員会も設ける[15]

（注）適用されるのは大企業（資本金5億円以上か，負債200億円以など。（日本経済新聞社，2001．5．4）

　ここで注の記述一つ上げてみても，資本金5億円というアンダーバーの数値の設定には，どのような根拠と見込みがあるのか，また負債が200億円というバーも一体売上がいくらあり，また利益率がどの程度あるのか，また現状での株価や企業全体の資産がどの程度あるのかなどという項目との相関によって，企業の健全性が異なると考えられ，十把一絡げ式にこの二つの基準でわが国の企業群をどのように括るつもりなのか，またこの基準で捕捉され

る全企業の対GDP費はどの程度となるのかなど単純な疑問が浮かぶだけに大企業や中堅中小企業の経営者たちは，こうした記事動向をどのように評価しているかといえば，筆者の僅かな経験の範囲でも，直近では「そんなことが書いてありましたね」という社長たちの見解が多かった。

　また何よりも社外重役の義務付けや取締役の任期を1年にするということは，わが国の企業活動を全面的に変革してしまうほどの影響がある。現下での大企業や金融業界などに対する不信感を払拭することは重要な問題であるが，企業倫理の劣化が著しい企業各社を前提にしたような法整備では，優良企業の今日までの社会貢献の歴史を正しく評価しないで，現在と未来だけを評価することになり，これは片手落ちと言えないだろうか。確かにビジネスは80年代後半からゲームのような感覚が支配してきているが，これでは国産技術の養成や維持が今後益々難しくなってくるのではないだろうか。

　わが国には独自の歴史と慣習があり，それを継承してきたのが伝統と呼ばれ，また国民性とされてきたのである。四季がそれぞれ豊かな色彩を見せ，風の音や水のせせらぎを日常の生活で感じさせる自然が其処彼処にある国土で，安心して暮らすという恵まれた環境が，次第に失われていることを痛切な思いで受け止めている人々が，実は企業人の中に増加し始めている。

　石油資源の消費によって作り上げられた20世紀が，21世紀を迎えて【環境保護】の掛け声の中で，次第に旧来のビジネス慣行を変化させて来ているのである。Pollutionの先進国としてのわが国の発展は，その功罪の大まかな判定を下すとするならば，是とするのが多数意見であると考える。現状の生活面での豊かさと安全性を考えれば，他国と比較してもかなり上位に位置しているからである。

　確かに経済成長力や巨大なGNPの対国民所得への還元率をみれば，わが国はもっと裕福な生活が可能な国家になっているはずであったが，上記に指摘した如くに，企業国家を中核としてきただけに法人所得の蓄積のみが，あらゆる指標となり，また「仕事人間」や「組織人」となることを人生の目的や大人となる証明にされてきたという国民的気質を助長した「企業文化」か

ら政治も国民も脱皮できなかったからである。

しかしながら，これらはアメリカを模倣した経緯において，日本国民の器用さと真面目さが表層としてのビジネス形態は殆ど完璧に一致させたものの，そこで働く従業員の個性や人格さえも各産業・企業毎に作り変えるという徹底したものとなり，Business like なる用語に対して暗黙の内に人事面や労務面，更に営業面において「アメリカはもっとシビアーな態度をとっている」という仮想現実を含ませていたように思われる。合理主義という言葉は，わが国では労使対決の場で使われる機会が多く，省力化や経費削減などの口実に多用されてきたことは衆知の事実である。ところがこれは道理や論理に合うことを第一とする考え方であり，協議の上での納得という前提が必要なのである。

筆者が本論の表題を「19世紀アメリカが残したもの」とした所以は，「アメリカ」的なるものと，実際の「アメリカ」そのものとの認識の差異は，これだけ日米の交流が頻繁になり，政治家や企業人ばかりでなく国民レベルで日常的に旅行したりするようになった現在でも，かなりの開きがあるということを明示したかったからである。この合理主義一つ例にとっても，この言葉の意味するところは経営面においては正しい判断や評価を導くために，事実判断と論理的判断を重ねるということであって，わが国のような使用はしていないのである。アメリカは如何なる場合においても，個人の人権に関わる問題については，先ず合憲か合法的であるかを問う国柄であり，それが最大の特徴である国である。

アメリカから学び続けたわが国の採るべき方策は，実はアメリカの歴史的発展そのものからの全体を見渡す眼と先進工業国としての教訓事例の精査と行動の選択である。技術立国としてのアメリカ史を通覧していけば，大量生産や大量販売が齎す巨大なビジネスチャンスの影に，あらゆるものが生産過剰となり飽和点に達した社会が「Next Choice」しなければならなかった新技術獲得への意気込みの背景にある絶対的な必要性が浮かんでくるはずである。

例えばチャーリー・チャップリン(16)(1889-1977)の「モダンタイムス」が描いた機械工場労働者の姿を，現代のわが国の企業家（メーカー）は，今一度想起しなければならないのである。あの映画で描かれた作業現場での単純労働は結局人間を機械の一部としてしか存在を認めないということであり，人間本来の仕事ではなく，こんな企業の発展は，そう遠くない未来に終わらざるを得ないであろうと独特の皮肉を込めて演じたのではなかったのか。人間が必要性から生み出した巨大な機械工場が，その人間をまるで消耗品のように扱い，主客が転倒していることに反省を求めたのではないのか。あの映画は娯楽映画では決してなく，機械文明への警鐘であり，20世紀を代表する不朽の名作である。

　人間労働で最も大切なことは「自分の仕事が満足のいくものであるか」の一点にかかっており，職業別の訓練に基づいた諸個人の潜在能力を引き出し，自分に課せられた仕事の完結の範囲に責任と権限を付与させることである。つまり自分に与えられた仕事や作業が，メーカーであれば単一な工程だけの単純作業ではなく，昔の熟練職人が持っていた多能工としての存在と誇りを，どの程度まで実感できるかという作業形態を考える時期に入っているのである。換言すれば，わが国も既に一部の業界を除いて重厚長大型から軽薄短小型産業に移転しており，小品種大量生産から市場ニーズに合わせた多品種少量生産が主流となっており，生産現場でのラインの組替えも機械中心から人中心へと変化しているからである。「手作り作業」の持つ潜在力の向上こそが，アジア市場の安価な生産に負けない能率増進と生産性向上を約束するわが国の国民の器用さを生かした戦略的生産技術の要諦である。

　技術は機械の組合せによって無限大の連続を理論的には可能にするだけに，鉄鋼，造船，自動車，航空機などの生産には地上で最も巨大な装置産業として表れ，また工場現場の中では加工・組立・検査・搬送に至る過程で様々な管理がなされている。この管理技術こそがアメリカの残した最大の成果であるが，わが国は「管理」を「監督」と道義に用いる傾向が強いだけに，個人の能力を萎縮させる方向に働いてきたのではないだろうか。自分た

ちで考えることを止め誰かが作ったシステムで仕事をすることに慣らされてきたと言えないだろうか。

アメリカの歴史の教えるところは「自助努力」であり，発明・発見への情熱である。これをわが国に置き換えれば「創意工夫」となる。技術の進歩が21世紀に必要とするものは，あらゆる分野において「人間性の回復」である。欧米の企業が日本に求めているのは，大企業の技術ではなく，場末の零細工場で黙々と身を粉にして伝統技術を支えている数多くの職人たちの「神の手」と「目測感」の技術であることを知る事が，アメリカの経験を鏡として学ぶべき最重要なものの一つではないだろうか。

（1） 第4代大統領マディソンの在任中，1812年6月に合衆国はイギリスに宣戦し，米英戦争（アメリカ＝イギリス戦争，1812.6～14.12）が始まった。
　　　アメリカはカナダの奪取をねらったが失敗し，海軍もイギリス海軍に封鎖された。米・英ともに決定的な勝敗をみないうちに，ヨーロッパでナポレオン戦争が終わったので，米・英ともに継続する理由がなくなり，ガン条約が結ばれて米英戦争は終結した。

（2） 米国北東部，カナダとの国境に位置する米国では最も古い歴史を誇る地方である。現在は，ボストンを中心にアイビーリーグと呼ばれる名門大学が集まり，学問や文化面での国の中核となっている。アカデミックな雰囲気が漂う魅力的な街が多く，ヨーロッパ的な造りの建物が多いのも特徴的である。

（3） 1860年に共和党のリンカーンが大統領に選ばれると，南部諸州は連邦から分離し，「アメリカ連合国」を作り，ジェファーソン・デイヴィスを大統領に選ぶ。ここで始まったのが南北戦争である。最初は南軍が有利だったが，1863年1月にリンカーンが奴隷解放宣言で内外の指示を得るようになり，1865年，南部の首都リッチモンドが陥落して南軍は降伏。合衆国は再統一された。戦後，東部と西部（インディアンの土地）との境界だったミシシッピ河を越えて，多くの人々が西部へと移住するようになる。

（4） ヘンリー・フォードは，エジソン照明会社在職中，自作でガソリンエンジン自動車を製作，実際の走行に成功した。この新しいエンジンを持つ自動車に目を付けた人々が出資を行い「デトロイト・モーター・カンパニー」を設立，フォードはエジソンを辞してこの会社のチーフエンジニアとなった。のちに同社は「ヘンリー・フォード・カンパニー」へと名を変え，実質上彼の会社となったが，しかしフォードはレーシングカー制作に没頭したため，会社は立ち行かなくなり，1902年，同社を辞職，翌年新たにフォード・モーター・カンパニーを設立した。

（5） 横井小楠，福沢諭吉，大隈重信，新島襄，内村鑑三，新渡戸稲造，森有礼，津田梅子，徳富蘇峰，矢嶋楫子，片山潜，賀川豊彦たちがアメリカの国造りに学び，新日本（ニュージャパン）の国造りに貢献するなど，幕末の日本はアメリカなしで語ることはできない。

（6） 1945年の日本敗戦後，朝鮮半島は北半分をソ連が，南半分をアメリカが占領する結果となった。朝鮮民主主義人民共和国と大韓民国が成立したのである（1948年）。

　しかし，北側の侵攻により，1950年，朝鮮戦争が始まる。最初は，北朝鮮軍が優勢で，ソウルを含め韓国のほとんどが北に占領された。政府は南端のプサンに追い詰められるが，そこでアメリカが参戦。戦線を押し戻し，逆に北側のほとんどを占領する。ところが，今度は中国が北朝鮮に義勇軍を送りこみ，戦線を北緯38度付近まで戻し，両軍がこのあたりで拮抗することとなる。1953年に休戦協定が結ばれ，戦争が中断する。

（7） この所得倍増計画のもとで，日本は世界市場に進出し，68年には西側世界第2位のGNPをもつに至った。東京オリンピック（1964）や大阪万国博覧会（1970）が，高速交通網の整備や科学技術発展のバネになり，国民生活は充実し，マイカーをもつ人も珍しくなくなった。しかし，成長のつけも膨大となり，農村から大量の労働力が都市に流れ，農業は衰退の一途をたどった。また，工場地帯では公害がひどく，交通事故や職業病も急増。高学歴化が急速に進み，受験戦争という言葉も生まれた。会社の経営は合理化されたが，管理社会の窮屈さに若者たちは反抗して全国的な学生運動を展開した。73年の石油危機で高度成長が終焉するまで，日本人はあわただしく著しい変化を経験した時代であった。

（8） 政府と議会を分立し，大統領が国民から直接選ばれる制度のこと。大統領制は歴史的には国王がいない国家や，国王が否定された国家で発生した。そして三権分離の価値を実現するため，立法を国会に，行政を大統領に分配し厳格に分立させた。現代政治のもとでは，国民主権が根本原理となった国民から直接選ばれる議員で構成される議会は，国民に最も近い地位にある。大統領がそのような議会に対抗できるのは，三権分立の必要だけでなく，大統領自身は国民から直接選ばれたのだという民主的根拠があるからである。

（9） 戦後の混乱期のあと，成長期に入り，日本経済は労働力不足の状態が続き，労働移動率は急激に低下していった。その後三年以上も続いた成長と労働力不足の時代が終身雇用制度を生み出したと言える。終身雇用は日本的雇用制度の特徴であり，日本社会にとっては，年功序列，企業別組合とともに「三種の神器」の一つと言われている。実際には終身雇用制度とは，一生ある会社で働くことではなく，長期間継続する雇用の形だと考えられている。なぜなら，日本では，大企業の役員さえ定年制度には逆らうことはできないからである。

（10） 職務給と反対の賃金関係で，学歴別に決った初任給を基礎に，あとは勤続年数

や年齢によって賃金が上がっていく賃金体系で，日本独特のものと言われている。

(11) 金融恐慌の克服のために，F・ルーズベルト新大統領は，通貨の統制・失業対策事業・農業価格維持制度・公共事業の振興など一連の新規まきなおし（ニューディール）政策を行ったが，その殆どは実効性が低かった。

(12) 製品が適正な質と量と時期に最低の生産コストをもって生産されるように，生産活動全般を総合的に計画・統制すること。

(13) **顧客に一番近い存在である販売部門と製造部門をいかに効果的に結びつけ，最終的にどのように顧客満足度を高めるかを念頭に置きながら，管理システムの構築を行なうこと。**

(14) 人間関係の調整を通して企業目的実現へ「人」を管理，指導すること。

(15) 経営者や役員の判断ミスや努力不足により会社が損失を受けた場合には，株主が取締役の経営責任を会社に変わって追求し損害賠償を求める訴訟のこと。これに株主が勝訴すれば取締役は会社に与えた損害を個人で賠償しなければならず，その賠償額は本人が死亡しても相続される。一般的に，株主代表訴訟は，大企業で行われるもので，中小企業ではあまり事例が無いと思われているが，実際は決してそのようなことはなく，中小企業でも代表訴訟は行われ，株主が勝訴している例も見受けられる。

(16) ロンドンに生まれ，貧しい生活を経てコメディアンとしての頭角を表し，マーク・セネットの強い誘いでハリウッドに行く。そこで，バスター・キートン，ハロルド・ロイドと共にサイレント映画時代の「三大喜劇王」と呼ばれ，爆発的な人気を誇った。特に，主演作のほとんどの製作，監督，作曲もこなし，映画史に残る名作「ライムライト」「街の灯」「黄金狂時代」や名曲を数多く残した。

第2章
企業社会の構造変革
―大企業からの離脱―

I．伝統的組織人

　バブル経済が崩壊するまで日本人にとって会社とは，そこに働く者には日本及び日本人を知るための格好の場であり，またすべてでもあった。人々は会社員になることで，「一人前の」社会人として容認され，「会社のため」をすべての価値基準に優先させ，また仕事（職務）を覚えて行くことで，自分の力量を拡大していった。会社内外の仕事を通じて企業間の人間関係を学び，自らの持つ潜在的技量や専門的能力を研鑽していく過程そのものに人生の目的を託すという心理は，今日まで延々と日本の職場レベルのコミュニティー意識を培って来たのであって，これが今日もなお日本の企業文化の源泉を成しているのである。社員が自分の勤務する会社を，フル・ネームをもって使用せず，「わが社」とか「当社」という呼ぶという慣行の中にこそ，「会社人間」としての自分の存在基盤と自己証明が内在されているのである。

　歴史的に見て企業は人々に二重の価値観を，明治以来植え付けて来たのである。つまり企業のもつ二重性とは，企業それ自体が利潤追及の組織として徹底的に合理的な経営を営む機能集団であると同時に，またその従業員を単なる労働力商品とはせず，運命共同体の一員として，相互依存的立場を醸成して，あたかも大家族主義的構造を保有する統率された集団であることを意味していたのである。

　それだけに従業員（労働者）の仕事に対する意識は，与えられた職務分担，職掌を単なる経済的行為（賃金獲得のための労働力提供）としているのではな

く，むしろ職場での協働的充足を求める行為としている点が指摘できたのである。

こうした国民性のルーツは，徳川時代の商家の「家訓の研究」などから，その家長の倫理観の中に見出されているが，家訓は明治の御世に入って株式会社制度が導入されてから，所謂社是や社訓つまり経営理念へと継承されているだけに，商人社会の伝統が今日も生き続けているのである。

例えば，江戸時代の享保年間（1716-1736）の商家にみられた暖簾価値(1)や家業論理を中心とした秩序，身分序列制度及びその形態などは好例の一つに挙げられるかもしれない。すなわち下位から上位までの階層的序列名，丁稚，手代，番頭，大番頭，などといったものは，今日の企業内での序列と対比させると，新卒者，社員，課長，部長（取締役）といったポストとなり，その社会の有する構造に対応して，機能し，仕事に熟練するまで年功序列を前提とした勤務を続けることになる。

これが日本の経営の特質と考えられた年功序列，終身雇用という暗黙の雇用契約を成り立たせてきたのである。

日本的労使関係が一体いつ頃成立し，普及したのかという時期については大別して，次の三つの見解がある。

(1)明治末から昭和初年にかけて成立・普及したとする見解
(2)第二次大戦中に政府の指導，統制の下に成立・普及したとする見解
(3)第二次大戦後，労働組合が公認され，その運動の高揚に応じて成立・普及したとする見解

ドイツの有名な社会学者 F. テンニエス（1855-1936）は，欧米近代社会に存在する諸集団を二つの類型に区分して，それぞれをゲマインシャフト（Gemeinschaft）とゲゼルシャフト（Gesellschaft）として社会生活の根本問題を分析した。かれは人間の意志を本質意志と選択意志に区分する。本質意志

は実在的自然的な意志であり，選択意志は観念的作為的な意志である。そしてこの二つの分類に対応して，社会を実在的有機的生活としてのゲマインシャフト（共同社会）と観念的機械的成体としてのゲゼルシャフト（利益社会）に区分しているのである。

　ゲマインシャフトは感情的融和によって強く結ばれた集団であり，個人よりも全体集団の維持・存続が目的とされている。一方ゲゼルシャフトは構成員相互の利害関係によって強く結ばれた集団であり，意識的に調整された組織内で特定の目的を追及するためにのみ活動する。また同時に効果的な達成を実現する必要があり，参加者の行動の諸結果が絶えず望ましい代替的行動を選択することのできる合理性をその骨子とするものである。

　今，日本の企業をかれの分類で分析するならば，ゲゼルシャフトの類型に組みするが，しかし上述したような伝統的な社会的精神的構造の対応関係，つまり従業員の**「生活丸抱え」**ともいうべき方式を許容する現行の人事・労務管理体制を考慮するならば，全人的接触を日常とする人間関係から，むしろゲマインシャフトに近似しているといえる。テンニエス流にいうならば，**"ゲゼルマインシャフト"**（Gesellmeinschaft・共同利益社会）という両義性をもったものとなるだろう。

　集団がある目的達成のために機能すれば，それが直ちに共同体が家族的共同体に転化するという企業の二重性の背後には，日本人の社会構造に対応する精神構造の長年にわたる歴史的過程がある。日本の場合は歴史的に一種の擬制の血縁社会が，つねに優勢な社会秩序を形成し続けたということがいえる。

　古くは，血縁集団を中心として構成された平家一門（貴族）の崩壊から，源氏一門（武士）への国政移転（1192）によって，擬制の血縁および地縁を主体とした社会構成へと変化している。これ以降，擬制の血縁による全国的な支配関係があたかも本物の血縁関係のように機能し，勇将の下での武家社会，即ち**領域経済体制**を建設してきたのである。もとより**明治維新政府の誕生**[(2)]（1868）までは武士階級の支配する身分制社会であり，武士の社会規範が

他の階級の人々（商・工・農民）の生活信条を左右したことは言うまでもないことである。武士階級における忠・義といった縦の社会秩序・規範が，町人階級において孝・人情といった横の人間関係を生成・発展させてきたことも，この表れである。

　ここで日本史の転換期の特徴として，特記しておきたいことがある。というのは，日本という国の特徴は，変革ということに対しては，劇的な一回性の形式を経験したことは，歴史的に見て一度もないのである。日本の変革というのは，大体において激動的な革命の経験を知らず一度で片付くというようなヨーロッパ型の革命とは大きく異なっているのである。しかもその典型たる政治変革は，伝統的に双方の痛み分けともいえる「なしくずし型」となっているのである。

　これは古来より日本人が，当面する問題に対して「黒か白か」「右か左か」といった大選択を迫られた時，結論を明白にしたいという願望を強く打ち出しはするが，ライバルに対しては，「罪を憎んで人を憎まず」という先人の知恵もあり，懲らしめる，制裁するといった形式での決着がベストであるという気質を受け継いでいるからであろう。

　こうした日本人の気質が形成されてきた背景には，日本人自身の生活の仕方，処し方が暗に相違して表面的な従属関係に反して，実は多面的な価値感をもっているからである。

　生活信条としては仏教や儒教といった根本原理を触媒にしながら，それを自分達の生活レベルで理解し，応用実践してきた伝統・慣習化は祭事や行事などに今日も継承されている。

　各階層で一つの共通の言葉の意味を，漢字のまま理解する階層と，ひらがなで理解する階層があったことを想起してみるという歴史認識の原点への回帰が，そのことを捕捉するものとなると考える。

　例えば貴族階級，僧侶階級，武士階級を考える場合，かれらが特権意識を持っていたということを忘れてはならないのである。自分達は他の階級の人達が理解できない知識を持ち，またその知識を生活のあらゆる面で妥当性の

ある条理として使うことのできる**「選ばれた人間」**であるという自負心をかなり強く持っていたということを離れて，かれらの存在の特徴を権力だけに一般化することは誤りである。

この場合知識とは，現実の出来事を「筋道をたてて解釈できる能力」であり，生きることの意味などを問い，そしてそれに答え得る生活実践の知恵なのである。

一方庶民は自分達に無い能力を持つ人達として，かれらと接触していたのであり，それだけに階級間に一定の距離をもった両義的秩序・価値観が存在していたのである。

これは武家出身の学者の下へ集まり，その教えを学んだ町人，百姓がいかに多くいたかということを知れば，納得できるだろう。またこの逆の場合もあったのである。百姓出身の大学者もまた存在するのである。江戸時代初期の国学者の契沖 (1640-1701)，儒者で古学先生といわれた**伊藤仁斎** (1623-1718)[3]，そして百姓の身分でありながら独学で陽明学派の祖となり，後に近江聖人といわれた**中江藤樹**(1608-1648)[4]の下に，全国の志のある人々が集まって，塾生となっていたことなどは，是非知っておきたいことなのである。

学ぶことの楽しさを，この当時から日本人は知っていたのである。当時最下層の百姓出身から天下を取った**豊臣秀吉** (1535-1598)[5]と同様，藤樹もまた，全くの独学で最下層の出身から歴史に名を止めた人であり，日本の近代をある意味で始まりとさせた人なのである。このような例は世界にもあまり無いと思われる。

本論に返って，武士が利得よりも名（家名）を尊んだのに対して，町人たちが**西鶴**[6]や**近松**[7]たちが表わした「町人天道」ような金銀を「命の親」（自己資本）としていったことが，主たる生産手段を所有するものの地位の上昇を必然的に約束し，結果として武家社会の衰退を招いたことは歴史の示すところであるが，18世紀後半以後にあっては，上は諸侯から下は百姓，町人にまで経済（貨幣経済）が浸透し，殊に実質的な社会の推進者たる町人に至っては生産力を増強させるための経営力の問題が自己資本の拡大と共に具体化さ

れ，そして巨大化した資本自らの拡大と商品の再生産へと向かう資本の論理を貫徹し始めることとなった。

そしてそれに並行して，商人たちの家業に対する姿勢も，無私・無欲を基本理念（家訓）として，質素・倹約を生活信条としながら，経営者としての倫理を実践することが求められるようになった。この倫理実践についての伝統は，明治に入り，士農工商の身分制度の廃止，廃藩置県などの改革を行い，そして西欧近代化（技術・動力）を導入して産業国家・富国強兵・殖産興業への道を進んだ後も，今日まで幾人かの「大経営者」の中に体現され，継承されているのである。

一方わが国とは異なり西欧世界では，労働者の倫理的信条（プロテスタンティズム）を基として発展した資本主義経済社会の系譜があり，それは代表的な二つの学説に見られるのである。即ちルヨ・ブレンターノやW・ゾンバルトらを代表者とする「解放説」とエルンスト・トルレチやマックス・ウェーバー（1864-1920）らを中心とする「禁欲説」である。

第一の解放説とは，資本主義の形成を根源的・主体的に推進した心理的原動力を資本家あるいは企業家のもつ「営利心」に求め，これを「資本家精神」（Capitalistisher Geist）と呼び，かれらの生産活動からの脱皮，それによる拡大こそが生産の支配を増大させ，また西欧近代の資本主義を形成したとする。

一方禁欲説とはこうした説に対して，資本主義の形成主体を旧来の封建的，ギルド的な生産関係に立脚しつつ利潤を追及する商人層ではなく，18世紀中期以降の産業革命の経過と共に形成された工場主層（Captain of Industry）たちを主軸とする人たちに替わって行ったとするのである。そしてこれらの社会層はウェーバーによって「中間的生産者層」と呼ばれ，近代に独自な資本主義精神の主体として確立されたのである。

以上のようなエトス（Ethos）論は各国独自の歴史・文化が，その発生の根源をなすものであるので，これ以上この問題に深入りすることは，この小論の目的から逸脱すると思われるので省略するが，今日広く流布されている

「日本的経営」について本格的に考察をして行く場合には，どうしても避けて通ることはできない問題であることだけは，確認しておく必要があるのである。社会の進歩・発展は，物質生産と価値増殖をもたらし続けるが，その主役たる人間にも，それぞれのレベルに合致した能力を要求してくる。

それ故に個人の外部環境への積極的な働きかけの有無こそが，換言すれば行為主体の好奇心の発露としての現実的経済行動の有無こそが，新たなる時代適合への基本的な要件である。

今日においても依然として，人生学ぶに如かず！である。異業種交流の必要性は，単に企業の戦略だけのものではない。Strategy（戦略・将来像や長期的視野）があり，Tactics（戦術・自己領域の保全）があり，そしてCombat（闘争・競争と信用）という行動パターンは，実は人間の古来より継承されている基本的な生存の与件なのである。歴史は，真摯に省顧するとき，自分を見つめる『鏡』として，我々に対峙し，価値・目的・手段，そして行動への指針を与え続けるものである。古典に学ぶ必要性は，あらゆる価値が多様化した現代こそ，何にも増して重要なのである。古典が古いものであるというのは間違った認識であり，何十年にも渡って考え抜かれた徹底した認識が示されたものなのである。それだけに現代社会や人間にとって不朽の価値を提示し続けているのである。学ぶということは，いつの時代にあっても，個人にとっては，問題を自分に招き迎えるということなのである。

II．「脱会社人間」化と企業組織

この節においては，最近話題となっている経営環境の変化について述べることにする。少し時間を遡ると93年の大手企業の株主総会において上場企業の75％が業績悪化に見舞われて以来，2001年夏の今日まで企業は不況の谷間（戦後最悪と言われる）に位置している。7月29日参議員選挙後の景気も依然として減少または横這いという見方が支配的であるだけに，今回の不況からの脱出は難しい。企業各社においても不採算部門からの撤退，研究・開発投

資の見直しなど,経営合理化へのメスは社内外での混乱を一層助長しているように思える。こうした傾向が顕著になり始めた92年の終わり頃から,新聞紙上には連日の如くにバブル景気崩壊の影響から,企業各社の厳しいリストラ策を発表してきた。

そこで顕著なものは,以下の如くであった。

1. 残業規制
2. 休日の振り替え,休暇の増加
3. 臨時・季節,パートタイマーの解雇,再契約停止
4. 中途採用の削減・停止
5. 配置転換
6. 出向
7. 一時休業
8. **希望退職者**[(8)]の募集・解雇

こうした動向の中で特にサラリーマンにとって,恐い言葉が一人歩きし始めているのである。それは次ぎの3つである。

1. 雇用調整   2. 社内失業   3. 退職勧告

この当時の代表的な記事を上げておくと（朝日新聞,93.3.8）

トヨタ自動車：期間工の募集停止,田原工場の組み立てラインの一部停止
日 産 自 動 車：座間工場の組み立てライン閉鎖,5000人削減
丸　　　　紅：管理部門を2年間で10％削減
東　洋　紡：従業員3000人を一時自宅待機
Ｎ　　Ｔ　　Ｔ：96年までに15000人を希望退職か転職で削減
三　洋　電　器：95年秋までに3000人以上削減
ミ　ノ　ル　タ：500ある部課を350に統合
さ　く　ら　銀　行：96年までに3000人の従業員削減

これに対して，従業員の解雇を前提とした人件費削減策を選択する米企業とは対照的であると思われるが，例えば同時期GMでは74,000人，シアーズ・ローバックで50,000人，IBMで25,000人，フォードで10,000人（欧州）といった大量の人員整理計画が発表されていた。
　2001年8月の現状においても大企業を始めとして，こうした発表が矢継ぎ早に新聞紙上に掲載されているのである。しかしながら経営者もまた，こうした企業方針を打ち出すことに対して，大きなジレンマに悩まされているのも事実である。
　例えば「雇用を守るのは企業の責任」（東芝）。「従業員を解雇するという行為は経営者として最大の罪悪」（秩父セメント）といった発言も当時からあり，解雇は最後の手段であるという経営者の姿勢は，全体として依然として強かったのである。しかしわが国の製造業を代表するその東芝が，「18万8千人のグループ従業員を2003年度末までに10％削減」すると発表した。（日本経済新聞，2001年8月27日）。国内約25社のグループ会社を削減，一万七千人規模の過去最高の人員整理となったのである。93年の頃から新聞紙上を賑わすようになった人員削減は，終に世紀を越えたと同時に嵐となって現れたのである。
　新時代適合戦略としてのIT戦略貫徹のためには，従来型の労務管理や生産管理システムを変革していくことに限界があり，適時適量適正価格での生産・流通システムを開かれた世界市場で展開していく他はなく，デフレ景気となって久しい不況化の現実の中で引き下げることの困難であった人件費部分の大幅カットが，不可侵領域でなくなり，最早遅きに失したという感を覚えながら，こうした抜本的な方針へと転化させる以外に，企業の存続はないと判断したためと考えられる。
　それだけに，実態経済の動向は政府発表の数値よりはかなり悪くなっていると認識されており，大企業のこうした余波は，波及的に中小企業にも及ぶだけに，今年の第4四半期の数値結果によっては，益々わが国の置かれている現状は悪化の一途を辿るしかないのである。

欧米の状況を概観しておくと，米IBMは90年から93年にかけて約10万人を削減し，更に93.7には35,000人の追加人員削減を発表してきており，米シスコシステムズも2001に入って3月に従業員の17％に当る8,500人を削減しているのである（日本経済新聞，2001.8.28）。

ハイテク企業の一連の株価下落は，この業界の薔薇色の将来を一掃したかのようになっており，ベンチャー的要素の強さが売り物であっただけに，その先行投資額の巨大さに較べ，現実の製品，殊に基盤部分の機器・部品のコスト低下と消費市場での売れ行きの鈍化および悪化は，著しい販売競争を生み出した。

自分たちの首を締めることになった値引き商戦に突入して，いわゆる産業としての「底の浅さ」を露呈することになり，IT産業では世界の先端企業群が，そして結果的には上記のような大胆なリストラ策（人員削減と事業部門の撤廃と再構築）を矢継ぎ早に展開することによって企業の存続を賭けているのであり，これではまるで「自転車操業」のように一瞬たりとも停止が許されない経営となっているように思えてならない。

わが国の経済は，戦後から一貫して「アメリカがくしゃみをすると風邪を引く」と言われてきたが，今日の状況も全く同じであると認識している識者は数多いと思われる。それほどまでに，アメリカのビジネスフォームの影響力は抵抗不能なほどに強大なものになっていることを，現実認識の基盤としなくてはならないのである。

先に述べたように日本の企業は，いま政治（規制）・経済（国際化・円高）で方向を一時見失い，そして産業内での競争と組織維持という問題に苦慮し，戦々恐々としている。経営戦略は景気や政府の動向を眺めつつ策定することは可能であるが，しかし，実行に際しては人材の優劣がやはり物を言うのである。その人材を「リストラクチャー」や「リエンジニアリング」の名の下に本格的に削減（半減近く）しなければならないところに，企業経営は差しかかっているのである。

日本は確かに豊かになっているのかもしれない。大企業も世界企業に並ぶ

優秀な組織を構築してきたのかもしれない。しかし日本経済を支えているのは，9割以上を占める中小・中堅企業であり，またそれらの企業を支えているのは，普通のサラリーマンであることを忘れてはならないのである。なるほど株式会社制度の最も典型的に表れるのが，大企業であり，経営のもっとも進化した戦略が表れるのも大企業であることは，疑いようのない事実である。

　とはいえ会社人間であり続けるサラリーマンの生活を考慮せずに，大企業が日本および産業企業の方向を決定したかに思わせる世論の動向には，条件なしに同意することはできない。「何のために働くのか」「何のために働いてきたのか」という問いに，いま答えを見い出そうとしているのが，会社のために人生の大半を傾注し，退社（リストラによる）を余儀無くされたサラリーマンの現状でもあるからである。四十代から五十代のベテランたちの会社経営に対する声も，次第に真剣味を帯びて来ていることから，現状はかなり神経過敏になっており，経営行動が益々萎縮して，財政健全化のスローガンが一人歩きし，結果としては人事・労務関係を中心に悪循環を繰り返している。

　2001.7月28日の朝日新聞によると，わが国では昭和53年以来始めてという完全失業率は（季節調整値）5％を超え，完全失業者が前年同月比23万人増の330万人とされている。そして企業内失業（潜在的失業者）250万人と言われる調査報告もあるが，人生80年という高齢化社会での生活をどのように計画していくかが，すべてのサラリーマン世代に切実な共通課題となっているのである。

　この中には，トップも含まれるのである。それだけに「定年」という言葉が，かつて無いほどに重みをもってきたのが現代社会である。

　機械仕掛けの人形のように働き続けることで，高度成長は達成した。しかし，現在は人間らしさを求めるにも，「お金がかかる」というのが実情である。日本企業に求めるものは，落ち着きである。競争の後に，企業にとっても，また社員にとっても満足が残されないような経営は，もうこのあたりで方向転換すべきなのである。

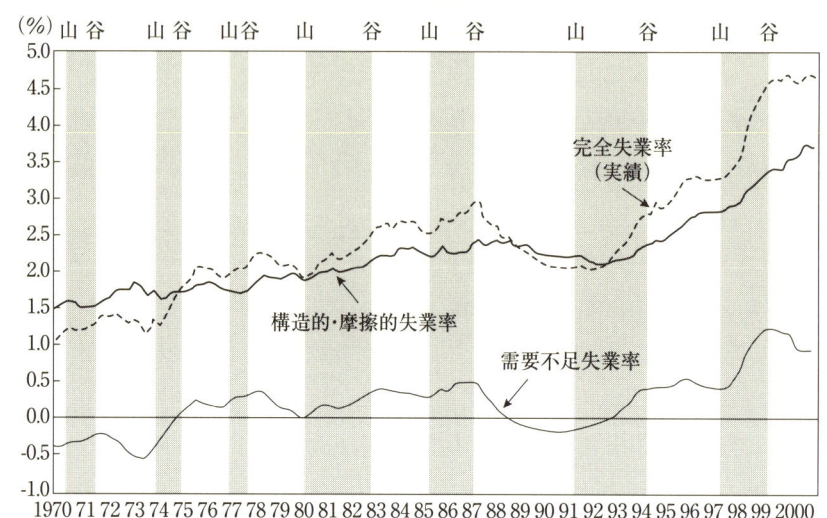

構造的・摩擦的失業率，需要不足失業率の推移

（グラフ：完全失業率（実績），構造的・摩擦的失業率，需要不足失業率の1970年から2000年までの推移）

資料出所　厚生労働省「職業安定業務統計」，総務省統計局「労働力調査」より厚生労働省労働政策担当参事官室推計

　企業は，まずその国の国民経済を豊かにし，また国民に安息を与えてこそ国際的な評価を得られるのである。日本は戦後50数年間の努力を，今一度国内の本源的な「**社会資本整備**」(9)に向ける時に来ているのである。

　日本的という美名の下に，経営の過度な合理化を計り，生産現場でのコンピュタ化・ロボット化を更新し続け，人員を削減し，コスト削減を何よりも最優先して生産管理を見直して市場競争に明け暮れ，企業活動をあたかも「ゲーム」のようにしてしまい，そして他企業との製品市場での優勝劣敗を繰り返し，結果として貿易黒字の巨額さゆえに，米国の対日政策によるリベンジを受け，国民経済の方針すら変更させられる状況は，やはり間違っているとしか言いようがない。

　こうした日本の現状を考察するための指標として，日本企業の特質と変遷について，筆者の今日までの研究の視座と概要を示す表を次に掲載しておきたい。しかし，その前に明治以降わが国近代社会の「鏡」となり「手本」と

なったアメリカの歴史についても，その梗概を掲げておく必要性があるが，これは前章に掲載したので，ここでは割愛する。

　第二次世界大戦後から今日までのアメリカの経済的政治的地位の上昇や米ソを基軸とした世界分割動向の中で派生した東西問題や南北問題の浮上及び多極分散経済への移行等については，ここでは論文の趣旨に専念し省略しておくことにする。しかしながら，言うまでもなく今日の世界はアメリカを中心軸に世界的な再編が行われており，殊に1991年のベルリンの壁崩壊後は，ヨーロッパにおいてさえ，欧州連合を推進し，アングロサクソンを中心とした世界経済の構築が一挙に推進されているからであり，アメリカを語ることは世界史を前提にしなければならない故である。

　換言すれば，アメリカがその歴史的動向の中で培ってきたアメリカ的企業経営の手法を，わが国は1945年8月15日の敗戦以降，「追いつけ，追い越せ」として延々と学び続けてきたのである。

　それ故，アメリカの歴史を知ることが，日本の現状理解と将来への道筋を明らかにする有効な手立てであると考える次第である。わが国の戦後史ののの中での企業社会の変遷は，筆者としては研究の範囲措定の必要から，以下のようにまとめている。

日本企業の特質と変遷

<u>アメリカ経営学の導入</u>→**組織経営の模索**→日本的経営の再確認
　　　50年代　　　　　　　　60年代
　　（戦後・軌跡の復興期）　（自立への意欲）　　（限りない成長）
　　骨はドイツ，肉はアメリカ　　　国産技術の獲得・パテント競争
　　制度的確立→<u>Japanese Management の台頭</u>→日本的経営の変容期
　　　70年代　　　　80年代前半　　　80年代後半
　　（ドルショック）　（低成長路線からの脱却）　（いわゆるバブル期）

→欧米型の「資本の論理」に基づく経営形態への進化・

　　　　　　　　　　　　　　　　　　バブル崩壊（91年以降）

　　　　日本の奢り（世界一の債権国）VSアメリカの逆襲開始

→長期不況・景気低迷　⇒

　　　90年代後半から世界的な業界再編と大型合併続出

　　　　　　　　　　　　　　　　　　　　　97．4．4

　　　緊急経済対策の発動　　「総合物流施策大綱」

　　92．8－98.11まで107兆円

「経済構造の変革と創造のための行動計画」97．5．16閣議決定

グローバル・スタンダードの浸透

　　　ビッグ・バン始動（98.4）　⇒　**日本の再生計画**
　　　　　　　　　　　　　　　　　　　　↓↓
　　　　　　　　　　　　　　　　　　産業構造の転換

　　ビッグ・バン以降の動向
　第1弾　金融・証券・保険業界の再編
　第2弾　情報・通信業界の再編
　第3弾　基幹産業の国際的提携
　第4弾　社会資本整備の民営化・PFI
　第5弾　少子高齢社会対策・介護福祉社会の実現・バリアフリー
　第6弾　環境対策・ゼロエミッション社会へ

　経済という言葉は，明治時代「経世済民」[10]という言葉から生まれたとされている。国民を豊かにすることが，国や企業の使命であり，主な役割であったはずである。

特定の企業（グループ）のみを豊かにし，産業を寡占体制に作り上げている今日の経済状況は，結果として大きな成長・発展をもたらしては来たが，様々な矛盾が露呈し，続出している以上，大幅な見直しを図るべき時に直面していると言わざるを得ない。

　激変期に求められるものは，企業の理念以上に，経営者個人の人格であり，社会貢献への取り組みである。英米型の資本主義とわれわれの日独型資本主義は異なるのである。

　株式会社そのものの基本的な認識が株主優先と企業（従業員）成長に分れている現実を直視し，日本的経営の優れた点を，積極的に主張すべきである。

　いつの世も，どの企業でも経営トップはすぐれた「直観」(Intuition) を養い，「決断」(Decision) は状況を見据えて瞬時に明確に下すことが求められている。そして部下はその指示の公平さと職務の公共性を期待しているのである。そのために世界に通用する**経営倫理**を重んじ，**"日本産業道"**ともいうべき企業本来の経営者たちの在り方を，追求してゆくべきなのである。これこそがリーディング・カンパニーへの道であり，企業本来の社会貢献である。現代は先人の"知恵と文化"を継承し，歴史（世界）を自分の生きる術とする時代なのである。

III．企業の役割と課題

　一般に大企業と中小企業と分類される企業形態は，それぞれ「群」として表記されることが多く，機械設備の更新状態や組織の維持管理，そして雇用形態や賃金格差などが各種の統計資料によって対比されてきた。しかしながら，戦前から今日にかけてわが国の産業を支え続けてきたのは，時代の変遷による規模の大小は当然あるものの，これら企業全体の質的量的拡大発展の結果である。

　それ故，本稿ではこの中小企業に対する評価がどのような経緯を辿ったか

を当面の視座に据えることにして，少し古くなるが戦後から十年経った頃の経済白書から関連するところを抜粋して，その現代的意義を考察していくことから始めることにする。

「……わが国のごとく広汎に存在する中小企業（従業者数二〇〇人以下の企業）が事業所数において九割以上，従業者数において七割近くを占め，産業の基礎として重要な意義をもっている国においては，雇用問題を別にしても充分な配慮がなされなければならないだろう。しかもわが国の中小企業は輸出産業としても重要な位置を占めているし，労働生産性もさほど大企業に劣らないものがある。

ミシンや自転車のごとく，ミシンでは部品の八割，自転車でも約六割が部品専門のメーカーの手によって作られているが，部品の専門化，分業化によって中小企業の生産性が比較的高く，品質も均一化され，大企業をしのぐものさえある。それに中小企業の特色はより資本節約的だということである。中略……**資本・売上高比率は中小企業になるほど顕著に低下し，大企業の三分の一の資本でなんとか競争している。わが国のような資本不足国では，中小企業の強化は有効な輸出振興策ともいえるのである。しかし，中小企業の弱点は金融面にある**」（昭和30年度，経済白書，106頁。太字筆者）。

この年の中小企業の存在態様は，上記の引用に端的に示されているが，この昭和三十年は輸出増加によって経済の拡大と国際収支の改善が急速に図られ，特需なしで均衡が取れる状態になったわが国経済にとって記念すべき年であった。

また次の引用は，有名な「もはや戦後ではない」とした経済白書の歴史の一大トピックとなった年度のものである。

「中小企業は大企業と違って常々から労働力に余裕のない生産をしているので，生産の増加とともに雇用の増加がみられるに至った。また中小企業の事業者数は景気の上下とともに増減するので，三十年のような好況のときには事業所数がふえ，それに比例して中小企業の雇用がふえたということも考

えられる。なお中小規模の製造業の雇用増加を業種別にみるならば，機械業の増加が下請関係や，耐久消費財の関係で圧倒的に多い」(昭和31年度，経済白書，21頁。太字筆者)。

わが国の戦後復興の軌跡は目覚しいものがあり，一面の焼け野原と化した主要都市の再生は戦後十年を待たず，戦前以上の都市化の進展を引き起こし，また企業各社も米国流の経営近代化（生産の合理化や投資効果を戦略的に行うこと）を採用して欧米先進国に追いつくほどの経済成長と国際収支（外国為替収支）の均衡を実現してきたのである。

大企業の躍進もさることながら，上記のように中小企業の事業所数の飛躍的な増加が，わが国の国産技術力の増強に及ぼした意義は甚大なものである。これはその後，輸出競争力を高めた製品の優秀性に直接反映することになったからである。

景気拡大が生産性を高め，企業の収益力を向上させるということは，何時の時代でも好景気の特徴ではあるが，これによって企業は社内留保や減価償却費などの内部資金を充実させることができ，また資金循環が円滑に進み，製品や原材料の回転率を上げ，いわゆる資金繰りを改善する。またこの実績の上に，企業間信用が高まり，受取・支払手形，買掛・売掛金による企業の信用機能も増大していくのである。

社内留保上位5社（『検証・大企業の内部留保』全労連。99年度版）

順位	企業名	内部留保額	対前年増減	従業員一人当内部留保
1	日本電信電話	59204	1198	4073
2	トヨタ自動車	47835	2186	6858
3	松下電器産業	24217	763	5184
4	東京電力	18439	1071	4321
5	日立製作所	16735	-241	2378

このように見ていくと，昭和30年代初頭のわが国経済は正に現代の産業構造の中核と底辺を一挙に拡大させたと言ってよい。それだけに変革時におけ

る中小中堅企業の生成・発展及び淘汰の過程は，企業の弾力性を示すものとなって表れると考えられるのである。

事実わが国の技術革新が有効需要を経済循環の中から生み出して来たということは，その後1950－70年代の高度経済成長期の経緯(13)からも充分にうかがい知ることができる。

この間の好景気の山は4つあった。

①神武景気　　（1954.11－57.6）…………35ヶ月
②岩戸景気　　（1958.6－61.12）…………42ヶ月
③いざなぎ景気（1965.10－70.7）…………57ヶ月
④平成景気　　（1986.11－90.11）…………47ヶ月

従来わが国の企業戦略というと大企業の動向が前提（主役）となる傾向が強く前面に現れてきているが，中小企業も実は独自の身軽な特性を生かして積極的な展開を大企業以上に遂げているのである。これは80年代から活発になったVBや中堅中小企業の海外進出の増加などが，その証左の一つとなっている。(14)

これらの成功事例に表れている特徴は，次ぎのようなものであった。
①製品や技術の海外市場への適応
②経営手法の海外適合
③強い経営理念
④国内でのハイレベルな技術所有
⑤国内での販売シェアーの高い製品保有

唯，日本企業のグローバル化への障害も当然あり，大別すると
Ⅰ．人材確保
Ⅱ．日本的経営システムの改善
Ⅲ．言語上の問題

の三つがある。

言語上の問題はとにかく，日本的経営システムのあり方そのものに対して，改善の必要があるところに大企業を含めて海外進出企業の共通した課題

となっているのである。

　高度成長期にわが国の「中小企業」の演じた役割について，中村秀一郎氏は，その著書『挑戦する中小企業』(岩波新書，1985) の中で次の5つの側面を指摘しているので掲載しておくことにする。

　1．中堅企業の群生：各業種のトップ企業
　2．下請企業の変貌：業種間競争の激化
　3．地場産業の再生：地方から世界へ
　4．流通革命の衝撃：零細中小企業からの成長
　5．社会的流動性：「独立」経営者へ

中村氏は「中小企業」を長らく日本経済の発展を遅らせた主要因とする説や近代化の過程の中での問題児とするといった伝統的な批判を続ける説に対して，優れた実態調査を元にした新しい「中小企業」像をもって，通俗的な見解を打破しているのである。

　もちろん，日本経済の今日の輝かしい発展に際して，大企業群の成し得た功績は絶大なものがあり，その影響力の大きさも重大なものである。しかしながら，高度成長期から70年代の二度に及ぶ石油危機に因る低成長期へと経済の波が移行して，その後80年代から地価高騰の余波を煽って含み資産を中心としたバブル経済も，90年代初頭からあっという間に崩落の一途をたどり，今日の不況を招いたのは実は金融・証券を中心とする大企業であった。

　そして今日，この大企業間の吸収合併や業務提携，そして大幅な人員整理に押しやられながらも，わが国の産業基盤を支えているのが，実は全国各地に群がる中小中堅企業であり，また New Business の旗手となっている新興中小企業なのである。

　90年代の特徴は，消費や投資が伸び過ぎたために，後にストック調整のための厳しい不況を招くこととなり，この渦中にバブル崩壊があり，地価の地すべり的下落が重なった。そして国内景気は戦後最悪の状態と言われるほどの不況となり，突出した貿易黒字の額とは裏腹に，米国のドル安容認策による円高で，輸出産業は国内景気の冷え込みと，不況感の蔓延とにより，売上

高の大幅減を招いている。

　とはいえ，こうした状況の中で産業界は次ぎのような動向が引起こされているのである。端的に言えば，わが国の現状では製造企業各社は加工組立段階での人件費のウェイト上昇で，最早市場でのコスト競争に勝てないので更なる生産技術の改良を目指し，輸出品目も半導体，カラー液晶，電池，特殊素材，産業用ロボットなどの産業用材分野の製品の比重が高めている。

　この間，日本的経営の最大の特質の一つであった**親会社⇒子会社⇒孫会社**といった縦型の系列化の見直しが大幅に進行しており，従来下請けに甘んじていた中堅・中小企業が，度重なる親会社のコスト・ダウン，役員投入，自主的研究開発阻止，福利厚生費のカットなどの高圧的指示（命令ではなく指導であるとしていた）に反発して，ライバル関係にあった下請け企業の業務提携が現実のものとなり，親会社を通さない独自のマーケット戦略に踏み切ったのである。これが引きがねとなって業界再編が俄かに活発になったことは，中小企業の新たな生き残りへの挑戦となっている。

　今日改めて言うまでもないと考えるが，
①サービス化・顧客満足度の徹底
②情報化・電子商取引への対応
③国際化・市場が国内だけでなく海外にシフトする

といったことは，規模の大小を問わず，すべての企業にとって必須であり，当面の最大の課題である。中小・中堅企業においても，技術力と身軽さを武器に積極的に，これらに向けて経営拡大を図っており，徒な過当競争に明け暮れるのではなく，独自のスタンスで良品の安定供給の徹底を推進すると共に，60年代に見られた**「適正企業規模」**経営を目指し，**「拡大型の経営」**から**「充足型の経営」**へと，その戦略を大転換させているのである。

　時代は自由競争の下に競争を繰り返す中で，次第に本来的な「技術力」の格差に収斂してきている。その意味からすれば，中小企業の持つ伝統的な

「匠技」と「熟練職人」の創意工夫こそが，企業競争力の指標となってきているのである。大企業の強みであった規格大量生産が製品市場を成熟させた時代は終わり，こだわりの製品製造が求められている。

　多品種少量生産の行方には，大企業の持つ巨大な装置産業はその維持の面から交代せざるを得ず，新規を求めつづける技術文化は目的とする技術獲得への手段を洗練して，目に見える進歩を製品として提供し続けるのであるが，物が豊富になった現状では，人間はそのものに対しても，例え機械製品であったとしても，精神的価値を見出せないものは避けるようになる。

　いわゆる消費の個性化現象は，「生産者の論理」から「消費者の論理」へと市場を確実に変化させ，しかも「納得のいく」価格で商品を求めるような日常生活を形成し始めている。小売業界の食品や衣料品の減価傾向は，こうした消費者の購買行動に適合した結果である。

　それだけに企業の喫緊の課題は，
　1．消費者ニーズに応える商品の開発
　2．効率的な多品種少量生産体制の構築
　3．情報システム利用による販売力の強化
　4．柔軟な企業組織の構築
　5．社員のやる気の喚起

となり，働き甲斐と生き甲斐を感じる職場作りを目指さなければならないのである。21世紀の企業経営は，こうした人間的側面を重視する仕事場づくりを徹底しなければならないと考える。

　産業革命の先進国であるイギリスで，株式会社の株主たちを「兄弟」と読んでいたという事実は，共通の仕事への参加意欲の現れであったはずであり，協働の成果の確認がこうした連帯感に現れていたのである。もちろん，今日の株式会社形態からすれば質量共に未整備な時代ではあったことは事実であるが，ある人を中心に他人の資本を集め，信用を前提として競争をしていくという資本主義の根源的なあり方を指摘しているように思われる。

そのように解釈すると，少人数の経営の場にこそ，わが国の経済立国としての歴史的な原基形態が脈々と息づいていることが確認される。現在，筆者としては中小・中堅企業の存在そのものの意義が再確認され，またここからわが国の産業構造が大きく変革していく時代のブレイクスルーとなっていくと考えたい。

最後に，昨年見たNHKスペシャル『下請けではあきまへん－ITでモノづくりの復権をめざす　東大阪町工場の契機－』の中小企業ドキュメントに対して，私見を述べて本稿を終えることにする。というのも，昨年のこの放映内容は2002年1月末と比べても，全く同様の状況，否それ以上に現状は悪くなっているからである。構造改革の推進の前には依然として，戦後最悪という形容が付く完全失業率の上昇とか，景気後退を示す指標が続出しているからである。現実をこうした生産現場から見直すことからしか，わが国の経済発展は望めない時代になっているという一つの証左としておきたい。

放送（2001.5）では東大阪市のある町工場は，バブル時大手家電メーカの専属下請けとして親会社からの受注をこなしていたが，バブル経済が崩壊して景気の低迷が続く現在は売上がピーク時の6分の1の落ち込んだという最悪の状況下での中小企業を捉えていた。

そこで何とかして，「この状況から脱却し，更に下請けからの離脱を図ろうと町工場の人たちは立ち上がったとする」町工場の再生に向けたドキュメントを紹介していた。そこでは「まず，動くことから始まる。じっとしていては何も始まらない。」として，若者が中心となりインターネットを利用して新たなホームページを作成し，自分たちの会社を知ってもらうPR商戦から始めたのである。

幸い長年培ってきた職人技が残っており，それを生かして新製品を開発してホームページで紹介し，新たな受注先を獲得することを目標としたのである。これを支えたのは新製品の開発段階において，町工場の熟練した職人のそれぞれの専門分野・得意分野を生かした技術を経験から知り尽くした職人たちの連携があり，それを分業で行い，一つの新製品の開発を試みるという

試行錯誤のドキュメントであった。

　インターネットは，世界中へ情報を発信することが出来るため，従来直接の受注先しか自社製品の特性を知ってもらう機会がなかった中小企業も，インターネットを使用することによって，これまでまったく接触がなかった新たな企業からも外注や見積依頼が来るようになったのである。情報分野を先導するネットビジネスの手段としてのインターネットを活用して，新規ルートの開発に成功したのである。

　また，他企業のホームページでの情報を入手することによって入札に参加することも始めていた。そこで，自社製品の短納期・高付加価値商品をアピールし，新規受注を獲得することが可能になり，これはまさしく，「自分たちで考え，動き獲得する」を町工場みんなで力をあわせて実行したのである。

　実際，わが国の企業のうち9割以上が中小企業であり，その中でも小規模企業はかなりの割合を占めているのである。また，36年ぶりに改正された中小企業基本法では，「わが国経済の活力の源泉」や「中小企業の多用で活力のある成長発展」を掲げている。わが国経済の活性化のためには，中小企業の活性化が必要不可欠である。

　そのためにも，中小・中堅企業がその規模の小ささを逆手にとって，その機動性・柔軟性を発揮することがますます重要になっているのである。

　今日まで，わが国の中小企業の保有する優れた技術力はわが国の製造業の先端技術研究及び国際競争力の増強に大きく貢献してきている。しかし，優れた技術力を持っていても自社の技術を積極的にPRする機会をもたず，また資金力の面でも脆弱であったため，特定の大企業を中心に取引を行い，その親会社のみが中小企業の技術力等に関する評価と製品市場での情報をもっているに過ぎなかった。しかし，インターネットを利用することによって，自社技術を世界中の不特定多数の人々に自社製品を宣伝することが出来るとともに，中小企業同士で情報を密に交換する事によって，支配されていた系列会社経営から脱皮し，自らの努力で世界に通用する生産工場への道が開け

たのである。

　日本的経営の特質とされていた系列融資を前提とする親会社の締め付けに頼らなければ経営が成り立たなかった中小企業群の中から，自力で会社を独り立ちさせようという行動が目立ってきたことは，景気浮上の足がかりと見なして良いと考えられる。所謂「寄らば大樹の陰」としたわが国の企業経営体質も，余りにも大企業（親会社）の独善を許して来た事は，中小企業にも問題はあるものの，圧倒的な資金管理権限を持つ者の横暴は最早終焉を迎えさせるべきであり，またこのようなことを継続していては，消費者満足を徹底追求してわが国の市場に参入している外国企業群の経営・管理に立ち向かうことは出来ない。

　窮スレバ通ズの格言を文字通り実践していくことが，現代の企業経営に求められている待ったなしの状況である。またそこに将来への希望を見ることでわが国の生産能力の潜在力を発揮していくことが，21世紀の国際社会に適合していくために残された企業行動であると考える。

(1)　一般に営業から生じる無形の経済的利益ないし，財産価値を有することをいう。「得意先，仕入先，創業年代，信用，評判」などが含まれ，今日でも取引の対象とされている。

(2)　嘉永6年（1853），米国の東インド艦隊司令長官ペリー提督の率いる黒船4隻が浦賀沖に姿を現し，開国要求を江戸幕府につきつけ，日本国内大混乱のきっかけとなった「黒船来航」の時から，大政奉還・明治政府成立に至り，日本がアジアで独立を保ち，唯一近代国家へと変貌をとげてきた。明治維新は，鎖国政策をとっていた江戸幕府に対して，他国から通商を求める要求が活発になりだした寛永4年（1792）頃を始まりとするが，もっともその表れが強くなったのは，欧米に手本を求めて近代化を進め，王政復古の国書を各国に手交し，「五ヶ条の誓文」，詔勅により東京と改称，明治と改元し，一世一代とし，東京城（皇居）と改称した慶応4年（1868）である。

(3)　京都に材木商長沢屋七右衛門長勝の子として生まれる。母は連歌師法眼里村玄仲の娘那倍名は維貞。貧困の中で苦学して朱子学を学ぶが，孔孟の古義に即くべく古義学を主張。京都の堀川に家塾古義堂を開き，門弟三千人を集める。終生大名のもとに仕えることなく，学界の大勢力を形成した。後代の注を避けて，専ら孔孟の古典によって道義を明らかにし，封建道徳を説いた。

(4)　江戸時代初期の儒学者。慶長3年（1908）3月7日近江の国高島郡小川村の中

江吉次の長男として生まれる。15歳の時，祖父吉長のあとをつぎ，伊予大洲藩の藩士として禄100石を受ける。27歳の時，母への孝養と身体の健康を理由に辞職し，郷里小川村へ帰る。小川村での藤樹は武士や近況の人々を相手に「心の学問」を教える。その思想の特徴から「わが国陽明学の祖」といわれる。
（5） 代表的戦国武将。織田信秀の足軽・木下弥右衛門を父に，百姓の娘なかを母として生まれる。幼名は日吉。1551年（天文20）元服の年に家を出て，行商ののち織田信長に仕える。大阪城・伏見城を築城した他，朝廷の権威を利用（関白・太政大臣），太閤検地（1地1作人の原則，全国へ），楽市・楽座を命じて商業を保護，貨幣の統一（天正の大判・小判），全国の関所を廃止，重要都市や鉱山を直接支配，刀狩令と身分統制令（兵農分離）など，多くの政治・経済活動を行う。
（6） 商人の町，大坂で寛永19年（1642）に生まれた。革新的な俳諧師として活躍する一方，浮世草子の作者として『好色一代男』や『日本永代蔵』など，人間の欲望や享楽的な生活を描いた作品を数多く発表した。元禄6年（1693）没。
（7） 歌舞伎脚本三十余編，時代浄瑠璃八十編，世話浄瑠璃二十四編を著作し，日本最大の劇詩人とたたえられると同時に，イギリスの劇詩人シェイクスピアと対比され「東洋のシェイクスピア」とも称される江戸時代の文豪。近世演劇の浄瑠璃・歌舞伎作者。

浄瑠璃の竹本義太夫，歌舞伎の坂田藤十郎の名を高らしめたのも，近松の作品の力であった。近松は，初めは歌舞伎作者として歌舞伎戯曲の水準を高め，後により文学的な浄瑠璃に移り，歌舞伎で学んだ現代性や手法を浄瑠璃に持ち込んで，中世的な浄瑠璃を一変して近代戯曲を確立した。
（8） 企業が定年前の社員から退職希望者を募集する制度をさす。早期退職優遇制度などとも呼ばれ，通常の退職より，割り増しの退職金を払うことが一般的。割増額は業績によって差が出る。また人件費の削減や，人員構成の偏りを正す狙いがあるが，赤字など業績悪化を機に，本格的な希望退職の募集に踏み切る企業が多い。一般的には賃金が高くポストが不足する中高年が対象になりやすい。
（9） 道路・鉄道の交通基盤施設，・コンピュータ通信を支える光ファイバーネットなどの通信基盤施設，都市公園・教育・福祉厚生施設などの生活基盤施設，河川・海岸などの国土保全防災施設，石油・電力の生産及び供給のエネルギー関連施設，農林漁業基盤施設，工業団地・オフィス街等の生産基盤施設などを，社会資本（Infrastructure）と呼ぶ。

社会資本は国民の誰もが，その効用を享受する社会共有の資産である。

そのため，社会資本の多くは公共投資によって整備される。
（10） 国家を経営し，民衆を救うこと。「経」は治める，「済」は救うの意。「世を経め民を救う」。
（11） 企業の利潤（税引前当期利益）から税金，配当金，役員報酬など社外流出した額を除いた部分のことをいう。

(12) 建物や施設などの資産は長期間使ううちに，徐々にその価値が減少するという考え方に基づいていて，毎期，その減少する価値分を費用として計上することをいう。
(13) 高度経済成長期は，1950年代前期が準備期。60年代は巨大都市圏の成長や発展が高度経済成長期を支えた最盛期。そして80年代後期は，最後の総仕上げとも言うべきバブル期と区分することができる。
(14) ベンチャービジネス，つまり新しい事業分野を切り開くビジネスのことである。VBは未開発分野の種類によって，一般的には研究開発型とすきま（ニッチ）産業型にわけられる。研究開発型の場合は，高度な専門的知識をもつ人材を利用した先端技術の製品化が特徴である。すきま産業は，現代のような細分化されたニーズに対応できる小回りの良さが特徴である。
(15) 石油危機の原因となったのは，原油価格の大幅値上げである。アラブ産油国が，イスラエルを支援する国を制圧するための政治戦略として，第3次中東戦争が始まった。1974年に発動。

　欧米や日本はそれに対して，「省エネ対策費」「道路建設費」「環境保護費」などの名目で，石油消費に高い税金をかけ，原油価格が上下しても末端の石油製品の価格には大した影響が出ないように対処した。
(16) 生産の仕組みが小規模な手工業から動力と機械を配備した大規模な工場制機械工業に替わり，それにつれて社会の構造や経済が全く新しい形態へと大きく変貌していくことを意味する。農業革命から産業革命への移行は，現代社会の源流となっている。

第3章
経営者精神の継承と変革

はじめに

　いつの世も変革時に求められるのは，強力なリーダーの出現である。殊に，一国の総理や大企業のトップに対して，その思いは切実なものとなって現れる。しかしながら，非凡という言葉で形容される人材の登用はわが国の伝統的な組織文化の土壌では，数多くの犠牲と新旧の意識対立の構図を生み出すのも確かである。

　2001年1月30日，スーパー最大手のダイエーの中内氏は取締役を退任した。当日の新聞記事から見ておく。

Ⅰ．【再建中のスーパー最大手，**ダイエーは三十日，神戸市で臨時株主総会と取締役会を開き，創業者で最高顧問の中内㓛氏（78）の取締役退任**や高木邦夫顧問の社長就任などを決め経営陣を一新した。戦後の焼け跡の小さな店からダイエーを興し，流通革命を主導してきた**中内氏は「革命は永久に続くものだ」という言葉を残して，表舞台から去った**】(朝日新聞，2001.1.31)

Ⅱ．【経営再建中のダイエーは三十日開いた**臨時株主総会で，リクルート出身の高木邦夫新社長（56）ら十七人の取締役を選任**した。主要取引四行を引受先とする総額千二百億円の優先株発行に備え**定款も変更**した。創業者の中内㓛氏（78）は取締役を退任して経営から完全に退いた】(日本経済新聞，2001.1.31：太字筆者)。

　朝日と日経の二つであるが，朝日の方の大見出しは

> 《流通革命　終幕寂しく
> 　　ダイエー中内氏，取締役を退任，「出戻り組」実権握る》

である。これに対して，日経は

> 《高木ダイエー　再生へスピード勝負
> 　　　　　　　　人心一新，営業力なお課題》

であった。一つの時代がまた一つ終わり，そして始まったという感慨を持つことで，以下にこの出来事を導きの糸として，経営者像と時代性について論究していくことにする。

Ⅰ．経営者像と時代性

　一般的に企業の再構築は，規模の大小を問わず旧勢力と新勢力との徹底した根深い抗争を伴うという歴史の鉄則に従うようである。今回の場合も同様の経緯と結果が表れている。ましてダイエーのような，わが国最大の流通業者ともなれば尚更である。筆者としては，ここでその顛末の詳細を論究しようとするものではなく，「経営者」とは一体どのようなものであるのか，また企業トップのあるべき姿とはどのようなものなのかといった視点で，試論を展開していきたいと考えている。

　衆知のごとくダイエーはグループで二兆四千億円の負債を抱えて再建中であるが，メディア各誌では43年間で従業員十万人を擁する巨大企業に作り上げた創業者（今回名誉職のファウンダーに就任）の中内氏の経営失敗とする論調が主流となっている。殊にバブル景気崩壊以降，中内氏の経営戦略の失敗を鋭く追及する記事が目立ち過ぎのような気がする。その反面，新社長の髙木氏の「企業統治をすべて自分に一本化する」という信念の下にも，企業幹部の人間関係が如何に密接に経営管理に影響を及ぼしているかということが秘められていると考えられる。

90年代に入ってから日本的経営の根幹を形成していた年功序列型の人事管理制度に対して，急速に批判や反省が高まっているが，何十年も一社に忠誠を尽くし，会社の成長を実現してきた人々であるという重要な一面が看過されているように思える。

　創業者と共に人生の大半を企業の発展にかけた人々の熱意と情熱が戦後の日本経済を高度成長を可能にして来たという客観的な衆知の事実が忘れられている。企業経営が巨額の負債を抱えるようになってから，企業各社の経営形態はメインバンクの支配する金融経済の下に置かれるようになり，実際面において主力銀行の企業統治はわが国の企業活動の全般を支配するまでに到っている。

　現場中心主義から出発したメーカーや流通産業も，戦後から半世紀余りを経過した現在，「決算書」に示される当該年度実績の対前年度比の多寡が最重要な関心事となって表れ，トップの感覚もGDP（国内総生産）に対する貢献度や，株主資本利益率に対する投資効果といった机上集計される統計数値を最優先するようになっている。かつて「ゲームの理論」（市場・利害競争の場で自己の利益追求行動を数学的に理論化したもの）がもて囃された時期があったが，21世紀の現実はこの理論が米国以上に普及しているように思える。株式市場におけるポートフォリオの使用が，いつしかわが国の企業経営においてもPPM（ポート・フォリオ・マネジメント）として急速に浸透して，多種の製品系列相互間の収益性，成長性，現金フローなどを数値的に捕捉して，戦略を遂行して来た（日立，東芝など）。またこれらの活用はオペレーションズ・マネジメントという名の下に高度化する統計的な手法の発展によって，電算化（コンピュータの全面的活用）した経営の主流にまで一時成長した。

　しかしながら，米国で逸早く20世紀初頭の10年代に企業研究所を創設し，近代的企業経営の方向性を組織理論の構築の下で決定した米国産業最大手のGEの経験を思い起こせば，米国経営には起伏サイクルが大きいことに気が付くべきなのである。

　この一つの証左は米国の経営誌「ビジネス・ウィーク」（1984年9月）の特

集にあったように，米国では確かに戦略計画者がこの PPM やコンティンジェンシー・プラン（不測事態対応計画）などでライン管理者の行動を支配していたが，次第に技術革新の旺盛な競争市場の中では，理論武装は返って現実との乖離を顕わにして挫折するものが多く見られたことに厳然と存在している。ゲームの終わりはいつも勝者もいるが，それに数倍する敗者が巨額の金を巻き上げられるのである。

　論考を進める前に，少し時代を遡って新たな視点から現在を検証していくことにする。というのも，今日までの半世紀余りを回顧してみると，アメリカ社会の経験はすべてわが国のあらゆる分野での文化の根底を形成するまでに浸透していると考えられるからである。それだけに甚大な影響力を及ぼしたとされている「アメリカの遺産」とも言えるものについて，多面的な考察が必要であり，またそれらの収束したものが紛れもなく「わが国のかたち」となっていると見なされるからである。

　例えば半世紀前，自由放任主義（レッセフェール）を批判し，管理通貨制度や公共事業の拡大を提唱して各国の経済政策や経済学に多大な影響を与えた 20 世紀最大の経済学者 J. M. ケインズ (1883-1946)『雇用・利子および貨幣の一般理論』と並ぶ J. A. シュンペーター (1883-1950)『経済発展の理論』は，企業者の機能と技術革新を重視して，「創造的破壊」という名言を経営者のために残している。今彼らの著作の梗概に触れるだけでも，彼らが如何に自分たちの時代を喝破し，常住不在の生き物としての経済及び企業経営の本質を見抜いていたかを窺い知ることが出来る。歴史上に名を為した先人の思索研究の成果は徹底したものがあり，50 年を経過した現在でも，その価値は決して色褪せるものではない。

　個人として評価したい点は，彼らの教え，そして残したものは彼らの時代を超えるものであったと同時に彼らの時代とその根底に流れる歴史の方向性を鋭く指摘していたことにあると考える。

　後世の人間が先人たちの著作（古典）に学ぶべきものは，いつの時代でも「現在」に対峙して，自分の時代を見る眼を養うことにある。わが国では，

第3章　経営者精神の継承と変革

かつて「歴史」を自分を映す「鏡」として認識していた伝統があった。しかしながら，21世紀の今日では，歴史は「知識」のカテゴリーに組入れられ，現実との相関関係から大きく切り離され，また歴史の持つ通時性と同時性の交差する局面の同質性といったものへの認識は，まるで考慮に値しないかのように軽視されている。

迂遠な記述を重ねているように思われるかもしれないが，筆者が云わんとしていることは，人間の歴史としての過去経験を熟慮し，翫味することが不確実性の温床とされている「可能性」の代名詞としての未来を実現可能な世界へと変貌させる強い意識と使命感を生み出し，当為の方向性を確定する決断力を育む智慧の宝庫であることを，再認識すべきであると言っているのである。

古人の経験を紐解けば，自分が進退窮まった時はいつでも，古典の中に自分の進むべき道を求めて先哲の生き様を自分の現状に投影していたのである。教養は自分の本当の姿を映し出す鏡でなければ意味はないのである。

筆者のわが国における現在の経営者像は，明治以降「気概と反骨心」といったものが急速に衰えているように感じている。それは単刀直入に言えば事業そのものに対する姿勢にあると考えているからである。明治の大実業家の中で，先ずその功績の偉大さから第一に挙げられる人物は，澁澤榮一（1840-1931）であることは異論がないと思う。そこで彼の人物像の一端を紹介しておくことにする。

衆知のごとく彼の生家は埼玉県大里郡八基村であるが，苗字帯刀を許されていた豪農の父元助は英一郎少年に武士に劣らぬ教育を施したとされている。維新前夜と言われる時代に，田舎の子供が教育を受けることが出来たということは，今日からは想像出来ないほど恵まれた環境にあったと言えるのである。

しかも少年時代にペリー来航（1853）の影響から，わが国が尊皇派と攘夷派に二分され，幕府の失政を議論する志士や浪士が村にも現れ，彼自身も次第に感情的に討幕の念が熾烈になり，二十二歳で江戸遊学を経験して，千葉

周作道場に出入りして剣客と懇意を結び，盛んに国事を論じ，ひとかどの憂国の士を気取るようになったと言っている。(「青淵回顧録」)。昭和六年，九十二歳で歿するまで，彼の創業し指導した事業は千以上と言われているが，彼の生涯の標語は「官尊民卑の打破」であり，「実業家の地位向上」であったのである。

　ここで彼の伝記を詳細に追うことは省略するが，こうした一面ですら今日忘れられているのである。圧制を排し，自由を求めるという精神こそが多難な彼の生涯を貫いたという事実は，今日からすれば時代の相違という点から看過されがちであるが，澁澤に対しては，「維新三傑に優るとも劣らざる偉人」(尾崎行雄翁) や「民間において日本資本主義の最高指導者」(土屋喬雄教授) といった評価があることを忘れてはならない。

　身分制社会の鉄の掟が崩れ，学問と商才があれば立身出世が農民階級にも可能になったというのが，明治維新の有する世界的にも稀に見る社会変革の今一つの特徴である。日本が文明開化から僅か30年にして西欧列強に名を連ねることになった原動力は，富国強兵や殖産興業といった国策を根底から支え，そして耐え抜いた貧窮を物ともせず生き抜いた農民階級や庶民の生命力の旺盛さと，学問に対する本能的行動とも言える知的好奇心の旺盛さに尽きると思われる。明治の大実業家と称される人物の生い立ちについては，大なり小なり同様の経験があり，国体の変化に対する強い関心が青年期の若者に文字通り「新時代と新世界の到来」を自分たちの新しい人生の開始として認識させていたのである。自分の生きた時代を，それまでとは全く異なった時代として生きるという歴史的転換期こそが，明治時代であった。21世紀となった現在，いや20世紀末からわが国の国運をこの明治維新と比較して，歴史的な転換期であるという論旨が目立つようになっている。

　それならば，その先鋒をなす政治と産業人の国家再建に賭ける情熱と責任は，古人に優るものでなくてはならないと考える。国際化と情報化は，当時と比べようもないほど進展してしまった現在では，複雑多岐に亘る人的及び物的資源の網の目を潜るような手法や手続きが必要となっているだけに，よ

り目的意識を明確にすると共に総合的な判断力と処理能力が要求されるはずである。自社企業グループのみの再構築に終始していては，国家再建は国際的な分進秒歩の目まぐるしい市場競争原理の下にグランドビジョンの無限の修正を迫られることになる。

　今日経営者に求められているものは，初期の資本家たちの持つ長所としての公共性であり，社会資本の充実を実現することによって得られる国民経済の健全な発展と労働者及び国民生活の資質向上への社会的貢献度である。

　その役割の一端を自社企業が担っているという自負と責任感である。換言すれば，ビジネス世界での金儲けの権化のような人物では，歴史に名を残すような真の経営者足り得ることは出来ないというのが，資本主義社会が生み出したインダストリアル・マネージャーとしての「経営者」の伝統であると言ってよい。

　それ故に，欧米の企業トップのビジネスに対する姿勢を今一度真剣に学ぶ必要があると考える。わが国では二代目や三代目といった同族経営が批判の的になることが多いが，それは本人の実力が欧米トップのように目に見える形で過去実績に客観的に示されたり，また卓越した権限を発揮できる経営システムになっていないところに原因があると考える。現行の社長業は，一言で言って忙し過ぎるということに尽き，またその業務の8割から9割が対外的な交渉事に費やされていると思われる。大企業のトップなら尚更にその傾向が顕著である。これではいくら有能な人材でも，内部の日常業務を正確に把握することは難しく，また社内の統制にリーダーシップを発揮しようとしても求心力は弱まってしまうことは避けられない。更に健康管理の面からみても，無理を強いられる日常業務であるだけに，精神的にはかなり負荷のかかるポストであることは否定しようがない。

　となれば，公私のバランス感覚は一般のサラリーマンと比較してみれば，極端な乖離が見られると思う。代表取締役の権限強化が商法改正の中で進行している状況であるが，わが国の経営者がその重責を自社の業績や再構築に向けていたのでは，上記のように社会的貢献への関心は益々便法のようにな

ってしまい，当為にのみ専念するトップでは企業は孤立化していき，この二律背反現象が経営者の行動を様々な面で規制しているのが，現代社会の知られざる現実の一面であると考える。

　通史的に見れば，トップの行動およびその理念には，やはり何らかのカリスマ性と先見性が体現されていなくては，部下は付いて来ないものである。上司はどんな企業や組織体にあっても，偉く抜きん出ていなければならない存在である。一般的に部下の上司に対する判断基準は，概ね自分たちの間尺に合うかどうかに落着くようである。言い換えれば，自分の尺度でしか人（上司）を評価できないという認識に正当性を付加していくのが，部下たちの日常的な価値観である。

　それだけに「普通の人」に見られては，トップは務まらないのである。人生の大半を費やして「稀有壮大」なビジョンを掲げ，実行不可能という世間や部下たちの常識を物ともせず可能にした人々が，その功罪はべつにしても古来より偉人や英雄と呼ばれたということを，一つの共通認識としなければ，トップが自らを律する信条を堅持し続けることは出来ないのではないだろうか。

　私見でしかないが，元来，人間は賢愚の差によって尊卑の差異が生じるのは容認できるが，偉くも賢くもない人が他人の尊敬や服従を強制することは道理に合わないという基本認識を持っていると考える。

　更に言えば，人の評価というものは，いつの時代も常に何かの限定付きであり，相対化されたものでしかないのである。それが今日まで延々と，出自や組織内の序列やそれを支えた学歴などによって，余りにも見事なまでに階層社会が築かれ，またそのことを当然のように受け入れてしまって現代日本の実相のように思い込まれていたのである。

　しかし，現在進行形の高度情報化の後に来る社会は，その喧伝されているネットワーク化の飛躍的な World Wide な普及によって，却ってその情報を個々に独立させ，完璧なプライバシーの確立を望む人々の増加を促し，そして益々他人との直接的なコミュニケーションを嫌う分散型閉鎖社会が創造

される可能性が高いのである。パソコンの画面上のみの操作で生活が出来るという時代を作っているということの重大さは、まだ真剣に論議されていないが、これは情報世界に生きる人々にとっては、当然の帰着点となっているのである。

　情報化社会に様々な恩恵を託すことは、根本において上記のような問題を抱えているだけに、軽々には賛意を伝える評価は出来ないのである。というのも、現実に目の前で起こっている軽便な情報機器の進展は、今や社会現象と囃されるまでに急成長したiモードや、後発のLモードなどがもたらす便利・安楽方向のみを流布するばかりであるが、ある程度以上の能力を有する人々にとっては、生活上の知的有効性の向上や可処分時間の増大などの付加価値増殖程度の問題ではなく、それがすべて、つまり画面上だけで生活が「事足りる」ものとなるからである。

　これらの人々にとっては、ネットワークの利用だけが自由意志の行使であって、組織や人間関係で悩むということは大幅に軽減され、旧来的な伝統的価値観に対する関心も、認識すらも持ち合わすことはないのであり、文字通りの新人類として登場すると考えられ、かれらの世界中での増加が、国や国籍といった概念に対してさえも「精神革命」をもたらし、社会変革を促進する原動力となる可能性が存在する訳である。こうした推論は、まだまだ先の未来（起こり得ないこと）のように考えられるかもしれないが、バーチャル・リアリティーが現実を、またその現実の定義すら変え始めていることから直視すれば、これは既に進行していると考えるべきであり、直言すれば近未来に屹然と位置するものである。

　21世紀の企業経営の前面には、このような現実が待ち構えているのである。それ故に、経営者としても「人間性」そのものへの深い造詣が要求されるのである。今日世界中のあらゆる分野での出来事が「情報」として瞬時に発・受信され、それを収集・分析しながら全産業が時間差レースさながらに行われる中で、「類的存在」として人間及び社会を念頭に置く必要があることは、先端技術分野の動向をみれば明らかなことである。

それは生命工学や人工知能分野の進展が，人間存在の根底を揺るがせているからであり，世界的なエネルギー及び環境問題を不可避なものにしているからである。時勢を見切るほどの卓見が何よりも求められるのが経営者の役目であるというのは，言い過ぎなのであろうか。

「働き一両，知恵三両」とは江戸時代の格言であるが，リーダーにはこの現実が常に求められると思う。衆知を絞って，絞りぬいて出来ないことを当然のように熟(こな)してみせる，そんな力量が人を惹き付ける源になっているのである。欧米の名言を借りれば，この教えは「Cool head and warm heart」に結果として近いのかもしれない。

また故事に「上三年にして下を知り，下三日にして上を知る」という言葉があるが，こうした判断の相違を伝える人々やまたそうした経験を耳にする機会が最近極端に少なくなっているように思われてならない。

やはり，トップの志としては，「余も何れの日にか古人に類し，千載正史に列するを得んや」といった若き日の頼山陽（1780-1832，江戸後期の儒者，歴史家，日本外史の著者）ほどの気概が必要ではないかと考えたい。

経営トップまでがサラリーマン化してしまったような感慨を抱くことが多くなったと思う人たちは，昨今急速に増加しているように思われる。

大企業のトップの進退をもたらした原因が余りにも卑近なことに終始しているという現実は，最高責任者の地位すらも，即時代替可能なもののように認識されてしまい，これでは「人材」という言葉の意味した価値観は放棄され，客観性といった現象面での結果のみがマイナス評価の対象となって，その行動の内面を支配していた個人の思いや動機といったものが，一切対象外の事項として追いやられている。

しかし，これでは人を見る目は益々曇ってしまう他はなく，越し方も行く末も無関心であるところが，刹那主義の陥穽に翻弄されているのである。この点が全く看過されている。人を評価するに際して最も気をつけなければならないのは正にこの点である。

II．商人意識の変容

　この章においては，先ずわが国の商人意識のあり方について，少し時代を遡ってみておくことにする。次に紹介するのは石田心学と言われた石田梅岩（1685-1744）の文章である。曰く「分て士は 政（さむらいまつりごと）のたすけをなし，農工商の頭なれば，清潔にして正直なるべし。もし私欲あらば，其所は常闇なり。また農工商の家の主は家内の頭なり。もし私欲あらば，家内が常闇となる。すべて物の頭となるものは可レ慎事（つつしむべき）なり。然るに欲心に蔽われ，此正直を行なわずして，あさましき交わりになり行くはかなしき事也。」（石田梅岩『斉家論下』）

　今このような文章を目にすると，一体どのような感慨を持つのであろうか。殊に現代の経営者の場合は，どのようなことになるのか。実に興味がある。大方の人々の感想では，「最もである」という返答が聞こえるように思われるが，江戸時代の商人としての表の経営倫理がこれであるとするならば，この伝統は現在の経営者には殆ど見られなくなっている。しかし同時に裏側に跋扈（ばっこ）する商売の駆け引きの凄まじさは，現在に至っても，それに一歩も引けをとらないほどの盛況をみせている。

　ほんの一例にしか過ぎない文章であるが，「人の上に立つものの心構え」としては，万民の望む言葉であることは疑いがない。ならば何故，この商人としての伝統が継承されなくなっているのであろうか。時代が異なったためという言い訳では到底納得することは出来ないが，何か根本的な変化を摘出しなければ，このように全く様変わりしてしまった原因を見極めることは出来ない。

　筆者としては，先ずこの切り口をわが国の文化に求めたいと考えている。諸説を見聞するに，戦前戦後の混乱期までは商人としての伝統は減少していたものの，脈々と生きていたようである。しかしながら，1960年代に入ってから，高度成長期となり，国富が急速に増大し，国民の所得が拡大し始めた

頃から，旧来からの伝統的価値観が急速に崩壊し始め，社会の秩序が大きく変化したことが，第一の原因であると考える。

「目に見えるものだけが現実ではない」ということは，多くの人々が経験上知っている事柄ではあるが，現象面での具体性はいつの世も個人の知的水準を凌駕する。敗戦によって農地改革（指令1945.12.9）や持株会社整理委員会法の施行によって財閥解体の措置（1946.4.20）が実施され，それらがどのように大きな社会変革をもたらしたかについて語られること等は終ぞなくなって来ているが，実際これはわが国の歴史にとって甚大な精神革命でもあったのである。連合軍総司令官のマッカーサーが厚木に進駐（1945.8.30）してからの日本は，正しく敗戦国としての復興の世となり，マッカーサーから「精神年令12才」と言われた敗戦国民としての現実に直面することになった。日本人の将来はこのGHQの手中にすべて握られていた。結果的にみれば，大方の見解はこの占領政策はわが国にとって，また国民にとって明治以来の旧来的な社会秩序の塊のような時代の延長がもたらしたであろう社会よりは，格段に優れたものであったと考えられている。

アメリカ（GHQ）の植え付けた民主主義という政治制度は，日本人にとって明治維新以来，第二の「市民平等」の到来となって現われ，これに新に個人主義という生活上の自由が付加されたことによって，国民は閉塞感と貧しさに圧迫されていた社会生活から開放され，同時に旧来的な価値基準からも脱却し，自分の生活を金銭のみで維持管理できる経済人へと移行していったのである。

当時を振り返って，わが国にとって何が一番大きな出来事であったかと考えると，第一には「天皇の人間宣言」（現人神でないと否定，1946.1.1）が挙げられるのではないだろうか。天皇は詔書を発表して，神話や伝説に基づく自己の神格を否定し，天皇と国民との関係は終始相互の信頼と敬愛とによって結ばれるものであると宣言したのである。

日本は，こんなことをしなければならなかった国体を護持していた国なのである。歴史の証言として，以下に詔書の一部を掲載しておくことにする。

「惟ふに長きに亘れる戦争の敗北に終わりたる結果，我国民は動もすれば焦燥に流れ，失意の淵に沈淪せんとする傾きあり，詭激の風漸く長じて道義の念頗衰え，為に思想混乱の兆しあるは洵に深憂に堪えず。然れども朕は爾等国民と共に在り，常に利害を同じうし休戚を分かたんと欲す。朕と爾等国民との間の紐帯は終始相互の信頼と敬愛とに依りて結ばれ，単なる神話と伝説とに依りて生ぜるものに非ず，天皇を以て現御神とし且日本国民を以て他の民族に優越せる民族にして，延て世界を支配すべき運命を有するとの架空なる観念に基づくものに非ず」。

　昭和天皇がマッカーサーを訪問されたのは，終戦勅令を玉音放送された「8月15日」から一月後の9月27日であるが，政府は始め宮内省の発表があるまで新聞各社（朝日，毎日，読売）に不掲載を命じたが，29日の新聞に米陸軍通信隊撮影の会見写真や，UP社長のベリーやニューヨークタイムスのリルックホーンの天皇との単独会見の一問一答が掲載された。
　政府はこれらの三紙を発禁処分としたが，総司令部は直ちにマッカーサー指令として「新聞言論の自由に関する追加措置」を出し，わが国の政府の閉鎖性を打ち砕いたのである。この事例などは，端的に言って天皇の尊厳を損なわないようにしようとする宮内省のミスリードとなった訳ではあるが，こうした行為間のギャップがGHQとのその後の対応の拙さを助長していくことになったのである。
　天皇を中心とする国体護持vs民主主義という図式は，わが国にとって，この時初めて現実のものとなって現れて来たのであり，明治以降西欧民主主義による国家維持体制を独自に検討し，また目指していたものが，完璧なまでに修正・変革されて実施されることになったというのが，戦後の日本再生の歴史なのである。
　換言すれば個人が地域や社会に対して責任を負う存在であるからこそ，その個人の人格を擁護し，法の下での経済行為や知的活動の自由が保障されているというのが，社会契約の基本であり，それが欧米の近代民主主義社会の

大いなる憲章なのである。

　こうした歴史的知識が，現在の日本人の意識から忘れ去られているのである。この「与えられた自由」を当然のように受け止める世代が増大し，またそれを教えることの出来る大人が若者に迎合する余り，過去をして語らしめるような見識を磨くことを放棄して，昔話のように抽象化させてしまっている現状では，現代の出来事の背後にある過去からの継承性を察知することは，益々困難となり，現象の具体性と新規性にのみ関心が飛び交い，これでは現実が拡散するばかりとなる。

　今日ほど，日本人が共通した「歴史的教養」を保持していない時代は，かつてないと思われる。それも中高年の人々の間でよく見られるこの分野への回避的言動は，謙遜とも取れるものの諸外国と比較して，かなり日常的になっているように思われる。考えてみれば，自分の年齢相当分の歴史すら持たず，またそうしたことを話し合う機会を職場で持たなくなった会社・組織が多数存在している社会構造は，やはりどこか人間関係にも決定的な歪みを生むものである。

　この場合の歴史とは，正確に言えば個人の歴史観と言うべきものである。唯，歴史とは単なる過去や記憶のことでなく，しかも時系列的に覚えた年表史的な叙述ではなく，現代を規定する意味のある過去であり，現実の出来事を理解するための価値判断・事実判断・論理的判断の根拠となる意味ある過去でなければならないのである。

　またそうした認識方法を自在に駆使していくための歴史観が歴史的意識と呼ばれるものなのである。かつては，こうした歴史観は著名な歴史家の占有事項の如くに思われ，我々はそれを夫々の世紀を代表する思想として学んできたのであるが，1970年代以降の世界には，従前のような歴史に名を止めるような大思想家が登場することはなくなり，歴史は極端なまでに政治史や企業史，そして社会史や個人史のレベルに安住するものであるかのように捉えられる傾向が一般化し，幾多の時代や世紀を超える視野の下に考え抜かれた普遍的な歴史観が消え失せて来たように思われる。これは現実の社会が，そ

の中核に高度な技術文化を備えた経済社会であるために，厳しい競争原理の下で展開される新製品創造とそれを実現させる企業各社の研究開発が，人々の生活様式を一変させるほどの豊富な商品市場を現出させたことに起因しているからである。豊かな社会の到来は，物質的な生産を極限にまで高度化させるものであったが，安堵感といった心の精神的な面における希釈化を促進しているような思われる。

即ち「事物の最も深いところは言葉などで現わせるものではない」という人の心の深層に根ざしている人生観の尊さと苦しみの中で獲得した人生を見定める到達点を標した先人の教えを熟慮玩味することが必要なのであり，素人の考え得ないような方法論をわざわざ工夫し続ける無用な「わざ」の洪水とも言える情報や知識の伝達や獲得に現を抜かしていては物神性の支配する経済社会では自己の真摯な省察は，人生の晩年に到っても体感することが不可能と成らざるを得ないのではないか。否実際には，こうした徹底した自己認識の機会を得ることは現代人には不要とされているところが，時代の内包する当世の文化なのであろうか。そうであるならば，「人間味の追求」といった旧来の人の世の当然の目標は，今や自らの社会的存在が意識を決定することの下に，大きく後退させられていると断言できるかもしれない。現代の混迷の底流には，実はこうした精神世界の混沌が息づいているのである。

III．経営者とは

日本の政治経済界の状況を通覧する中で，経営者精神というものを改めて考え直す必要性を痛感してその考察を進めているのであるが，江戸時代の「商人天道」の見直しこそが，現代企業のトップに欠けているものであるような気がしてならない。

「温故知新」や「和魂洋才」といった言葉も普遍性を持ちながら老若男女を問わず人口に膾炙している有名な言葉であるが，これすらも始めて学校で耳にし目にした時ほどの感慨は甦ることが少なくなっており，この言葉の背

後にある「ものの學びやう」や「精神の在りやう」と言った字句以上に大切な大人の教えが，消えうせている。古人の叡智と実人生の凝縮された言葉として生み出されたものが，単なる知識の断片として受け止められ，自分を常に律する座右の銘として温め続ける人も減少したように思えるというのは，言い過ぎなのであろうか。

　いつの時代の経営者にとっても，一番大切なことは自分の生きている時代の流れを摑むことであり，また自分の会社が社会の公益のためにどのように関連しているかを証明し続けることであろう。またそのために心血を注ぎ，一生を賭けた事業の発展を自己実現の過程としたのではないか。そのように考えると，今日までの歴史上に名を止めている経営者の軌跡に共通性と一貫性が浮上するように思われる。それ故に，筆者としては「時代に何か生きた証を残す」といった高邁な精神を樹立しているかどうかを分岐点として，経営者としての社会性を判断すべきなのではないだろうかということを改めて提唱しておきたい。

　アナトール・フランスによって経済戦争の時代と言われた20世紀の企業経営も終わり，21世紀を迎えることになり，新しい企業理念として環境対策が位置付けられ，全地球的なエネルギー問題への取組みが本格化している。企業もその多くが創生期，発展期，そして変革期を経験し，時代適合に凌ぎを削っている。勿論，そこで淘汰される企業は数知れず，また大企業・系列の軋轢の中から浮上する企業もある。

　また新規性が最重要視される商品市場では，技術の進歩に先導されるようにあらゆる新製品が登場して，経済活動に無限大とも言える可能性を付加し続けている。各国とも貧困が何にも増して政治の一大事であった過去の時代が，今や所得の上下への両極分解という現象を招きながらも，日常において近似した社会生活を営むことが出来る現代へと変化して来ていることはこの半世紀の時代の進歩として認められる。

　現代はこうした飢餓感のない現実を余りにも当然視しているところが，社会認識の深みと実相の幅を削いでいると言えるのである。時代認識の眼は，

やはり世紀を跨いだものでなければ意味を為さず，また分野別に個別に省察することに余りに慣れ親しむだけでは，社会認識の帰着点を見誤ることになる。通説のように使われる多種多様化した複合社会という言葉の呪文化現象が，優れた思想が持っていた通史性の追求を当初から不可能として放棄させ，徒に専門分化のドグマ（教義・独断）を優先させ，それを徹底させている。しかし専門性及び専門化というものの持つ個別性の中から，人間及び社会を反映させる普遍的な思想を生み出すことは出来ないのである。

　昨今の経営者を見ていると，その人の言動の中に創業時の苦しみや楽しみ，即ち仕事にすべてを優先させて打ち込んだという抜き差しならない緊張と，有るものはただ自分の夢だけであったという日々の信念の継続を彷彿とさせるような実業の世界を生き抜いたプロフェッショナルが持つ「力量」や「何とも言えない存在感」といったものが希薄になっているように思われる。また一般的な見方として，いわゆる苦労人が持っている不可侵の厳しさとふとした表情に何物をも包み込む優しさを併せ持つ人格を表情に持つ人が少なくなったように思うのである。

　かつて「男は40になれば自分の顔に自身を持て」という大人たちの言葉があった。これは社会に対して責任を持つという意味に解されていたと思うが，一人前の男として処遇される年が，この年齢層から始まるというプロ社会への仲間入りを表す言葉でもあった。

　人生をトータルなものとして考え，行動していくという知恵が，こうした言葉や格言には含まれていた筈である。通例で見ると，やはり社会人として給与所得者となり，概ね20年の経験を持たなければ，会社内でもまた外部でも人間的な「信用」が実績をカバーするようにならないようである。また「石の上にも三年」という言葉は，単に我慢の年限ではなく，自分の仕事に対する評価は三年ほどの日時が経過してから始めよという先人たちの経験が言わしめた言葉である。

　自分中心にものを見，そして自分の日々の体験に余りにも拘束される新人時代では，如何に要領良く身を処してみたところで，周囲の同僚からは賛否

両論の評価の対象としてみられる傾向のあることは否めないのである。実力社会といってみても，行き着くところは自分の人間関係の革新性と調和に尽きる。端的に言うならば，古人の言うように「会社のバッチを外した処で」評価され，信頼される人材とならなければ，組織内部でも十分な仕事は回って来ない。時代が幾ら能力主義に移行していると言われても，企業構造はそう易々と若者が智恵だけで中高年を差し置いて出世していけるほど柔な造りではないのである。

況して経営者となれば，内向きの仕事以上に外向きの仕事は，地域社会や政治世界の人間関係にまで延長するだけに，既存勢力の無限大にも思える重層構造に直面し，また日本の産業構造の複雑さに眼を奪われ，それとの対応に多大の労苦を費やすことになる。つまり，自社においては社長という一国一城の主であるものの，外向きの仕事では先ず業界や関係諸団体の階層性社会に新規参入した One of them に過ぎない存在となり，地域を代表する団体のトップとなるためには，幾ら早くても20年以上の歳月が必要となる。

言うまでもなく，この間自社の業績は拡大再生産路線を描くものでなくてはならないというのが，今日までの企業社会の通例である。代表取締役という立場は，私的な法人企業を代表するものであるが，現実には公的な存在としての職務遂行が日々求められるポジションでなのである。

それ故に，経営者の「責任」は常に社会的責任を意味し，経営活動は常に社会性と地域性に連動するものとなるのである。地域や国を代表する企業の浮沈や経営者の交代に関心が集まる理由の一つは，こうした側面から見るとの当然の帰結である。

リーダーシップという言葉の意味するものは，これを実践して見せた「リーダー」が古来より数多く存在したからこそ継承され，そして目標とされてきたのであるが，あらゆる階層で人間集団のまとまりを可能にしている人々の存在の絶対性を表現しているように思われる。

因みに，ここで筆者が提唱しているリーダーの資質を示しておく。要約すれば，以下に示す3つである。

1．集団をまとめる
2．集団の効率を高める
3．集団に方向性を与える

　これらの資質の有無をもって経営者を見るようにしている。研究の必要上，歴史上の人物から今日の経営者までその足跡を長年に渡って折をみて検証してきたのであるが，筆者の今日までの一部の企業トップとの面談経験と照らし合わせて，この「ものさし」（視点）を考案したのであるが，その後も機会ある毎にトップに問うた結果，この本質的な有効性は損なわれないと思っている。リーダーシップ（論）というものは，昨今の傾向では方法論を説くものが主流となっている。想起して欲しいのは，学問世界においても，この方法論をのみ問うものが大半をしめているが，本居宣長（1730-1801）の『うひやまぶみ』に示されているように，宣長は弟子たちに長年に渡って懇願され，学問の方法論を著したのであるが，彼自身は，このような方法論は終世嫌い抜いており，古事記伝も執筆し終わった後であったので，止むを得ず書いたとこの著書の末尾に認めているのである。本人の心延え(こころばえ)のあり方が，人格を決定しているということを放念して，現象面での行動様式を分析してみても，名を為した人々の資質を抽出することは出来ないということを銘記しているのである。

　筆者の好きな言葉に，次のような教えがある。即ち，

　「物の興廃は必ず人に由る　人の昇沈は定めて道に在り」（空海）である。

　古人の言葉を引用している最大の理由は，こうした言葉の中に人の世の智慧がすべて言い尽くされていると考えているからである。筆者がこの論考で得た考察の要諦は，正にこのことである。

　昨今マンパワーという言葉が目に付くようになっているが，経営者は規模の大小を問わず会社を自在に動かしていくことで，組織内の人材を磨き上げていかなければならないのである。法人格を有していることの原義的意味は，この点にあった筈である。経営者には強い信念と情熱，的確な判断と実行，そして持続する探究心と創造性といった善価値を体現していくことがい

つの時代も求められており，それがリーダーとしての重責と尊厳を保証していたのである。

　組織が巨大化し，企業経営が「自社名の重さ・暖簾価値」の故に旧来からの路線と柔軟性を欠いた企業イメージの呪縛から抜け出せない状況が続いている中で，経営者たちがあたかも創業者のように果敢に新規事業に挑戦している兆しが徐々に現れて来ている。

　その具体的な方向は，「自然回帰」に収斂しつつある。その事例は農業部門へのメーカーの参入にある。ここでは過去の技術の集積を下にバイオ技術を模索して，資本主義社会が生み出した最悪の製品と言われたプラスチックをさつま芋から採取した澱粉と乳酸を合成して作る新たな技術を可能にしている。この技術から生まれたプラスチックは土中に埋めると水と二酸化炭素に分解され溶け，廃棄処理の問題をクリアーすることが出来るのである。

　80年代後半から，21世紀技術の主流はバイオと超伝導技術であると騒がれてきたものが，漸く環境問題への企業としての対策を本格化させ，新技術による新市場への経営戦略的挑戦が始まって来たといえる。日本経済新聞（2001.3.12）「技術創世紀」によると，トヨタやダイムラークライスラー，大成建設などの事例が紹介されているが，農業分野への参入は「脱石油」社会への移行が目論まれているだけに，この影響力は今後の産業構造を大変革させる原動力に成長する可能性が高いのである。

　石油漬けの20世紀資本主義が，21世紀に到り，食料の確保と備蓄，そして新たなエネルギー確保と省エネの研究開発を基軸にして，環境とリサイクルを中核として企業の未来を語り始めている。

　これを技術の指向した便利安楽の機械文明が漸く，人の心を充たすものの実現へと進化し始めてきたと理解することで，21世紀が希望の持てる世界へと向かっていると断言できると考える。

　経営者の意志決定とその行動は，「時代を変え」，「人々の生活を根底から変える大きな力」を持っていたという歴史的事実の数々を，もっと真剣に見つめ直す必要がある。実際，このことこそが一国を代表する企業の経営者と

なった者たちの，最大の使命であり，また醍醐味であった筈である。その意味からして現状は，大手企業トップの不祥事に対する経営責任のを巡って，様々な交代劇を連日のごとくに現出させているが，旧経営陣の保守的（隠蔽的）体質の極みが，今日の状況を生み出したという事実を（払拭）否定できない限り，新生企業活動に向けての各企業トップの資質として求められるものは，その至高のプライドに賭ける行動・原理であると言えるかもしれない。

主な参考文献
1．野村吉三郎『米國に使して』岩波書店。昭和21年。
2．A. カーネギー『実業の帝國』小池靖一訳。実業之日本社。明治36年
3．尾高邦男『日本の経営』中央公論社。昭和40年。
4．平出宣道『富と民衆』日本評論社。昭和46年。
5．林房雄『明治　大實業家列傳』創元社。昭和27年。

第4章
21世紀の企業経営

はじめに

　2000年秋，法務大臣の諮問機関である法制審議会が2年後を目途に商法を抜本改正する基本方針を決めた。わが国商法の50年振りの抜本改正である。改正の最大の目的は，株式会社制度を中心とする会社法を全面的に見直すことであり，その内容の一部を見ると，［株式会社を公開会社と非公開会社に区分けし，非公開会社法制を整備，代表取締役の権限強化，持株会社の動向，株主総会での決議事項の限定，連結決算や時価会計に沿った情報開示を義務付け，経済の国際化やIT（情報技術）の進展に対応］などが基本方針として掲げられており，しかもベンチャービジネス育成のための規制なども大幅に緩和されることになっている。

　80年代以降，企業活動がグローバル化して世界中の国々にわが国の企業各社が製品輸出を行い，また直接現地での工場生産を進める中で，法人企業としての存続そのものが数々の経済的及び文化的な問題を惹き起こしている。また貿易摩擦といった2国間あるいは複数の国との間の製品流通が，激烈な価格競争の前に相手国の産業構造を大きく変えてしまうほどの諸結果をもたらしている。

　今日わが国の経済力が世界の経済を左右するほどにまで成長した結果，国際化と情報化の波は，わが国そのものの社会システムを世界との緊密な相互関係の中に巻き込み，日本的企業経営の根底をなす伝統的な株式会社制度そのものを変革していくことを求めてきているのである。わが国が50年振りに商法を抜本改正し始めた背景には，こうした事情が存在する。

この度，法務大臣の諮問機関である法制審議会が2年後を目途に商法を抜本改正する基本方針を決めたことの意義は大きく，これはわが国の旧来の企業社会や産業構造を変革するものと考えられる。改正の最大の目的は明らかであり，株式会社制度を中心とする会社法を全面的に見直すのである。

　会社法は，戦後のGHQ（連合国軍総司令部）の下での改正以来，今日まで部分的には便宜的に改正されてきたが，今回は税制や会計制度との関連性を含めた文字通り抜本改正が行われる。

　それ故，上記の商法改正動向の根源を成すと考える取締役権限の範囲と持株会社の動向を中心に，わが国の経済主体である企業がどのように国際化に適合してゆくのか，またわが国がグローバル・スタンダードに準拠した産業構造をいかに構築していくのかを捕捉しながら，企業の存続と企業経営のあるべき方向性を金融持株会社関連法や外為法改正，証券取引法改正といった最近の抜本的かつ包括的な法改正と合わせて検討し，この度の商法改正が実施されることによって130万社を超すといわれるわが国の株式会社及びその制度が，一体どのように変容していくのかを論究していくことにしたのである。

　とはいえ，会社法が国際基準と完全に合致したものになる保証は現状ではないが，2年先の国会で最重要の改正法案となると予測されるだけに，外資系企業の日本企業の吸収・合併の波及性と合わせて考慮すると新しい企業経営の手法が見えてくるかもしれない。自己責任を徹底した人事・労務関係を構築した企業社会の登場は，今日の日産の再生と再構築の過程をみても，今後の主流となってくることは誰しも否めないと思われる。

Ⅰ．わが国の産業構造改革

　ここで，筆者の研究の視点を明らかにするために，ここ数年間で行われているわが国の産業構造改革について，その概要の一端を整理しておくことにする。

　1．エネルギー（ガス・石油・電力）分野では，95年に「ガス事業法」が改正されており，これによって大口顧客のガス供給自由化が認められ，旧来の寡占体制による閉鎖的な市場に異業種からの参入を認め，自由競争によるエネルギーの低コスト化が実現することになった。そして96年には「特石法廃止」（石油製品の完全自由化），「電気事業法改正」（卸電力事業制度）が行われ，これは2000年より電力の一部小売自由化が実施されることになったものである。

　2．情報通信分野では，85年のNTT民営化によって新電々が参入することになり，長距離通信の開放が実現することになった。97年6月，「改正NTT法（分割再編），改正KDD法（国内・国際の垣根の撤廃），98年2月，WTO基本電気通信合意（外資系通信会社の参入容認），98年2月KDD法廃止（完全民営化再編を機動的に行うもの），そして99年7月にNTT再編によって持株会社の下に，東西地域会社，国際長距離会社を置くといった矢継ぎ早の措置が採られている。

　3．金融業界では，93年以降，銀行と証券の子会社方式での相互参入が行われるようになり，これまで存在していた垣根論争が空文化し始め，97年12月には投資信託販売の銀行業界への解禁，金融持株会社解禁が認められ，98年3月に「金融持株会社関連法」がこれを受ける形で制定され，同時に「銀行法，証取法，保険業法の一部を改正」し，更に「銀行持株会社の設立手続

きの特例法」ができ，4月には「外為法」が改正され，これによって外国為替の完全自由化，異業種からの参入自由，外貨預金の自由化が現実のものとなったのである。更に「証券取引法」が改正され，免許制が登録制へと代わり，この業界への新規参入が加速化した。また株式売買手数料が自由化（5000万円を超える分・99.10から）されたことで，わが国の金融業界は，一挙に国際的な競争市場の波に揉まれることになった。

4．そしてわが国の財政を一挙に悪化後退させた不良債権問題については，98年6月に「証券化・SPC法」が制定され，優先株・社債・特定約束手形（CP）を発行することによって市場から直接資金調達して，不動産を取得することができるようになった。98年10月には「ザービーサー法」によって，不良債権の回収を民間業者に委託することが認められたことの意味は大きい。会計上の問題としては，金融機関の帳簿上の不良資産の引当，積み増しだけでは問題の先送りにしかならず，担保不動産の価値が下がれば，それだけまた引当金を充当しなければならなくなるという悪循環を繰り返すだけである。時価方式や連結財務諸表の採用によって，この間の事情が一変していることは周知の事実である。その他の重要法律には「競売手続の円滑化等を図るための関係法律の整備に関する法律」「特定競売手続における現況調査及び評価等の特例に関する臨時措置法」等があり，これらによって不動産競売制度が抜本的に改善され，競売が迅速化されることになった。

5．国際会計基準（IAS）の会計処理に関しては，世界統一の会計基準として時価会計が導入された。この波及性について見ておくと，2000年3月から株式公開企業の決算が→親会社単独から子会社を含めた連結中心になり，これによって連結基準が見直されることになった。すなわち持株比率が50％を超えていない会社でも，役員派遣などが実質的に支配されていれば「子会社」とみなされ，出資比率から実質支配基準に替わることによって，子会社への損失隔離操作は困難になる。また連結キャッシュフロー計算書が導入さ

れ，有価証券報告書の記載は連結主体になり，英文の添付も必要となっている。

　その後の予定としては次のようになっている。2001年3月からは，金融商品を市場価格で決算に反映する「時価会計」の導入がなされる[3]。この目的の一つは，決算書からいわゆる「含み」を追放することであって，含み益を緩衝材にして事業のリスクを粉飾することができないようにすることである。旧来的なやり方では，最早安定配当のみを維持してきた日本的経営は成り立たなくなっているからである。因みに，99年3月期決算における上場企業1716社の有価証券の含み益は，14兆4000億円（98／9末）。96／3末は45兆4000億円であったことを想起すれば，このことが如何に大きな効果を及ぼしていくかが窺える。

　これらと並行して，年金会計の導入や確定拠出型年金の導入などが実施され，わが国の財政再建動向は，一挙に国民的な金融資産の包括的運用の時代に突入するのである。これらについて少し，その問題点をまとめておくと次のようになる。すなわち

　年金会計の導入は→将来の支払に必要な債務を現在価値に割り引いた上で積立不足額を公表する。→放置すれば企業の財務体質は悪化し→格下げがなされ→結果として競争力が低下する。

　退職給付債務（年金，退職一時金といった退職後の従業員に支払うお金）に対する日本企業の積立不足額は，現状の低金利を前提にした場合60－80兆円に上ると言われているだけに，喫緊の課題となっているのである。

　また確定拠出型年金の導入については，2000年11月に基本的な方向性は決まったが，様々な議論が展開された。一例としては，現行の年金制度や退職金制度は，一般的に勤続年数が長いほど給付額が増えるため会社に従業員を

つなぎ止める効果がある。

　これが年功序列型賃金制度，終身雇用など日本的経営の根幹部分の保証をなすものであった。しかしながら欧米スタイルの能力給や年俸制に移行し始めたことによって，この間の事情が大きく変化してきたことは衆知の事実であるが，一方では，個別の勘定で年金資産を管理する確定拠出型年金は，従業員の転出先にも移せるため，人材の流動化を促進させるという効用をもっている。

　この点が，国の雇用対策の展開として他の法律とどのような係わりがあるのか見逃せないところである。

　筆者としては20世紀末の現状は，従来型の個別具体の法制度や基準のみの研究では，往々にしてその制度や基準が何故，何のために改善，改革されたのかという根本原因を政治経済のトータルな観点から引き出すことができなくなっていると考える。

　わが国の産業・企業を取り巻く国際的環境変化は，熾烈な企業間競争から国際的為替操作や莫大な株式投資を前提とした本格的な金融資産競争に突入したかのように思われる。IT技術の進展は，世界を文字通り分針秒歩の時代へと駆り立て，経済市場の先行きを益々見えにくくしている。各国の生産技術の増大が富を生みだす元であることに変わりがないが，有り余ったマネーを金融市場につぎ込み，営業外利益が営業利益を大幅に上回ることになってしまっては，こうした世界的な投機性向は誰も止めようのないものとなっている。

　すでにこの金融資本の世界的な集中化が起こってしまっている現状では，各企業がそれぞれの企業実態を明らかにし，ディスクロージャーを徹底し，株主総資本利益率（ROE）や総資産価値を世界の競合他社水準まで増大していかなくては，M&Aという手法の前には，自社グループのみの経営に安住していくことは不可能な時代に入っているのである。

II．ビジネスの進化

　ここ3，4年，殊に2000年に入ってからの銀行・証券・保険業界の他財閥グループ間の相次ぐ業務提携や合併などを見る限り，新時代適合を急ぐしかなく，メーカーサイドにおいても，同床異夢の感はあるものの，戦略的提携という名の下に世界企業としての業務内容規模と体制作りに邁進している。
　巨大なファンドマネーが世界中の証券市場で，取引残高を拡大しているということの真意を熟考しなければ，各国経済殊に，わが国の経済の再生はありえない。低金利国という世界的な認識が固定観念にまでなり，わが国の特質とされていては国富の減少傾向は防ぎようがない。外資系企業の産業界への浸透は，わが国が戦後半世紀を掛けて築き上げた日本的経営を根本から変革するに充分な比率にまでなっている。英国のビックバンで有名になったウインブルドン方式という言葉も，わが国の金融業界の現実をみればすでに企業間では当然視されていると言ってよい。
　日本企業はメインバンクを中心とする間接金融が資金調達の8割を占めており，事実上銀行を中心とする株式の持ち合い[4]により，安定株主を確保していた。しかし，これがバブルの崩壊後，市場における株価形成をゆがめ，それ以外の一般の投資家や株主にしわ寄せをしていたことは，個人株主に対する軽視を当然としていた証券業界にも重大な責任があると考える。
　一方2000年9月中間決算で処理した債権放棄総額は，大手銀行九行で約2700億円になる見通しになっている。(2000.11.22，朝日)。99年度が通期で1兆3千億円であったことからみると，大幅な減少と言えるが，こうした銀行による経営不振企業への支援は，社会的な影響が大きい倒産という事態を防ぐためのものではあるが，再建に向けての流通やゼネコンなどの経営は，現実的には苦戦の一語に尽き，結局銀行管理の産業構造の再構築に荷担していることになり，いよいよ金融資本の産業支配構造が明確になっている。
　三菱信託が646億円（ハザマなど二社），三和が623億円（大末建設），東洋信託

が500億円（丸増など六社）とあり，この他に熊谷組が総額4500億円の債権放棄をメインの住友銀に申請しており，そごうの大口案件などを含め，今後増加の一途にあることは間違いがない。

金融資本を取り巻く経済環境も，内外の情勢変化によって日本的経営から如何に速やかに脱却するかに懸かっており，今後資金調達や会社制度のあり方については，配当優先株式枠の拡大，連結決算制度の商法への導入，税効果会計の本格採用など重要課題を解決していくことが何よりも優先されるべきであると考える。

何故ならば21世紀の企業経営に求められるものは，直接金融の割合を高めることにより財務構造の健全化を図ることであり，法の理念に則した透明性の高い企業経営であると考えるからである。

具体的に概説してみると，国際会計基準の導入の波及性は，わが国の企業活動が国際化社会で生き残るためには，現状では劇薬的な一時の負荷に耐えなければならないことを要求する。すなわち，連結経営は粉飾決算の防止や時価主義による含み経営の防止効果があり，株主重視の経営への転換を促すからである。持合株式も時価評価によって，保有のメリットを失わせクロス取引や持合が解消され，こうしたことはわが国の証券取引の慣行からは甚大な影響を及ぼすことになるからである。

さらに，一般株主や債権者保護では，企業情報開示拡大によって市場機能を活発化し，経営監視機構の充実によって企業統合を強化させ，また取締役の行動・責任の明確化などの対応が促進されなければならないのである。これらの問題は，大企業だけの問題でなく，わが国の経済を9割方担う中小・中堅企業にも及ぶだけに，産業構造改革の引き金ともなっているのである。

大企業による寡占経済支配体制も，従前のごとくに系列融資を鎖にした企業グループ化に安住することは許されず，個々の企業体のすべてが，いわゆる費用対効果を常に経営の前提として価値増殖を行い，社会が求める良品の安定供給を一層追求していかなければならないのである。

しかも，地球環境問題の深刻さによって示された排ガス規制や産業廃棄物

の処理，廃材としていたものの再活用化（ゼロエミッション），製造物責任などに対する共通した経営実践が求められているのである。

　21世紀の企業経営は国際的な会計制度にみられるような世界統一基準を遵守した経営であり，環境への配慮や地域社会への貢献度などが新たな企業評価基準となってくる。それに加えて，バブル崩壊，ストック調整（土地価格の下落），ドル安の容認（円高），金利引下げによる景気刺激策の効果薄，景気の更なるドロップアウト，政権交代による政治情勢の変貌と地方自治の対応の戸惑い，そして産業規模での雇用調整の浸透など世紀末の現実は正に企業経営者にとっては内憂外患の様相を呈している。

　特に97年度は，実質GDP成長率が▲0.7％，内需寄与度▲2.2ポイントと共に戦後最大のマイナスとなっており，住宅建設も▲21.1％とこれまた戦後最大の減少となり，さらに景気を支えていた個人消費も1.2％と戦後初の減少を記録して，わが国の景気は最悪の状況となっていたのである。

　政府は92年8月から98年までに約70兆円という巨額の経済緊急対策費をつぎ込んでいて，この有り様であったのである。この後も政府は2000年までに更に50兆円を超える経済対策費を21世紀型社会資本整備の名目で実施しているのである。

　このように時系列的にわが国の様々な動向を精査していくと，極めてその場しのぎの対策に終始していたことが理解される。換言すれば，目的を決め，そのための徹底した戦略を確定しなかったことが，当為の連続である現実の前に戦術的な適合のみを繰り返していたことが明確になって来る。裏返してみれば，戦術が戦略を弱らせ，目的を見失ってしまったと言えるのである。

　経済の活力低下を再浮上させ，産業の空洞化を防止していくという課題を解決していくためには，既存の産業構造を転換する以外に方策はないのである。戦後社会から延々として築き上げてきたわが国の経済発展も，90年代に入ってから収縮傾向に変化し，しかも日本的護送船団方式の神通力も何らの

効果を発揮しないばかりか，逆に高度情報化をブレイクスルーとするグローバルスタンダードの浸透の前には，それが却って新しい時代を迎えるに際して最大の阻害要因となっていると考えられる。

わが国のここ数年来の各種の矢継ぎ早の法案（改正を含む）の成立状況は，遅ればせながら新時代への布石を打つための方策であることも事実である。戦後から温存されてきた制度そのものを変えるという迂遠な作業から始めなければならない点が，わが国の立ち遅れの原因なのである。資本主義社会が如何に契約社会であるかという厳然たる事実が，世紀末に到り欧米先進国の大幅な法改正・整備の中で，まるで渦潮に引き込まれる如くに襲ってきていると形容できるかもしれない。資本主義社会の歴史的蓄積とも言える欧米先進国の新世紀へ向けた対応の巧みさの前に，大きく後手に回ったわが国は今時代認識の基軸の再構築を模索しているのである。

しかしながら，ビジネスの世界では流石に自社企業の浮沈が掛かっていることもあり，生き残りを賭けて現行法律の改正を促す行動を起こしている。その最たるものの一つは，株式分割である。すなわち発行済みの株式をいくつかの株式に分割することであり，一株当りの利益を減らすものであるが，そのことが逆に企業の成長への期待度の表れとして受けとられている。

東京証券取引所では1.5株以上の分割を大幅分割として上場コストなどの面で優遇措置を与え，推奨しているのである。その主な企業の分割幅を見てみると，セコム，ソニー，日本テレビ放送網，コナミ，ヤフーが一株を二株に，NTTドコモが一株を五株に，そして躍進の著しい電子商店街の楽天は2000年5月一株を8株に分割しているのである。

99年度に株式分割をした上場・店頭企業は206社となっている。商法には株式分割をした後の1株当り純資産が五万円を下回ってはならないとする規定(5)があるが，この壁に阻まれていた資産も資本も少ない新規公開企業は，商法の規定を独自解釈して分割を強行しているのである。

商法では一株当りの純資産を計算する際には，最終すなわち直前決算期末の貸借対照表を使うとしているが，この「最終」を「直近」と解釈して期末

以前に株式分割に踏み切る企業が続出している。米国ではわが国の商法のようにメーカーを前提・モデルとした会社制度ではなく，純資産の少ない企業でも自由に株式分割が出来るのである。

このように見ると，資本主義の二大要素と言える競争と信用は，やはりフリー，フェアー，グローバルを前提としたものでないと本来的な価値増殖が出来ないということになり，広く法人だけではなく，一般の投資家の支援と保護を兼ね備えたものであることが理解されると思う。それだけにわが国の商法も，米国経済の根底にある Rule of Business の精神を真剣に学ばなければならない。

わが国の商法が50年振りに抜本改正される背景には，こうした資本主義社会そのものが築き上げて来たモラルと自由競争原理を今一度源流に立ち返って仕切り直しを図るという転換期の必然的要請の存在がある。

III. 経営目的の変更

2001年の幕開けと共に新しい年に向かっての課題や抱負，そして予測記事が一斉に新聞の紙面を飾っている。先ず目に付いたものから抽出してみると次の如くである。
- 総務庁が発表した一月一日の推計人口によると巳年生まれの人は1,008万人で総人口の7.9％を占める。また満二十歳の人は，昨年より7万人減り157万人で7年連続して減少している。（朝日新聞，2001.1.1）
- 21世紀が始まった。その節目に起きているのは技術革新の大波だ。情報技術，遺伝子組み替えからナノテクノロジー（超微細技術）まで。新技術ラッシュは，すべてを変える爆発力を秘めている。国家，産業，そして人々の生活。（日本経済新聞，2001.1.1）
- 世界最大の小売業，米ウォルマート・ストアーズ（アーカンソー州）が日本に進出することが31日明らかになった。今夏をメドに日本法人を設立し，2002年にも15,000㎡級の大型ディスカウントストア（DS）を出店する。一

号店は千葉・幕張，名古屋市内を軸に調整を進めている。(日本経済新聞，2001．1．1)
・国内の有力企業が2001年から相次いで株式をニューヨーク証券取引所に上場する。今後二，三年のうちに上場を準備，検討している企業は半導体製造装置大手のアドバンテストなど十五社にのぼり，過去三十年で十三社の実績と比べて大幅に増える見通しだ。知名度や資金調達の向上のほかに，株式交換を利用した企業の合併・買収（M&A）を進めやすくする狙いもある。(日本経済新聞，2001．1．1)

　上記のように2001年の初日から，従来考えられなかったような動向が目白押しに起こっているのであるが，この最大の理由は財界を始めとして新世紀に向けての抱負が新たな社会倫理の構築に傾注し始めたことに求められる。
　科学技術の世紀としての20世紀のもたらした機械文明は，一方で高度情報化社会の網羅する便利・安楽の社会を実現しながら，他方では高齢化・少子化社会を現実のものとし，しかも人々の生活意識を革命的と言って良いほどに大幅に変革し，個人意識の尊重を前提とする市民社会を根付かせてきた。
　気が付けば戦後世界の半世紀は，経済戦争と呼べる金融資本の支配構造を徹底させ，富める者と貧しき者の差をいよいよ拡大して，ビジネス感覚で生活を設計し，管理していくことを「自己責任」という大義名文の下に普遍化してゆくことで，冷酷な事実認識である優勝劣敗の社会の掟を暗黙裡に納得させて来ているのである。付言すれば富者の論理がすべての国民の生活・意識にまで浸透して，上昇指向を最優先する人生の目標になっているのである。
　完全競争社会という図式が完璧なまでに正当化され，そして社会の隅々にまで精緻化された社会というのが，わが国の紛れもない現実であることは誰しも否定出来ないであろうと思う。便利・安楽の世を追求していく技術文化が，いつしか安全神話を形成し，膨大な社会的需要を充たす企業活動を第一の経済主体として国造りをしてきたことの天文学的な"つけ"が，社会の根

底を揺るがす制度そのものの中に大きく成長してきたことは，見逃すことの出来ない事実である。これは自由競争という美名を信奉し過ぎた余りに，A. スミスの言った「神の見えざる手」という根源的な社会秩序の存在を軽視し，中心となる価値を相対化の渦に巻き込んだ故の，価値喪失現象が生んだ当然の帰結であったのかもしれない。

　1960年代半ばから，高度経済成長の下で培われたわが国の方向性は，国民が挙って所得の拡大を望み，より良い文化生活を達成するための社会の実現であり，またそれがモーレツ社員を生んで実現した時代でもあった。先進国以上の経済成長をエコノミックアニマルと言われながらも可能にしながら，国内の社会資本の貧しさを露呈し続け，その結果責任が新世紀の現在において真正面から問われているのが隠しようのないわが国の際立った特徴である。これは国のグランドビジョンを構築し得なかった歴代の政治の在り方にのみに一切の責任を転嫁してよいというものではなく，そうした政治を続行させた国民の生活態度そのものに問題が存在すると考える。端的な事例としては，車社会の到来は国民を一挙にレジャー追及型の生活者へと変貌させ，マイカー所有と持ち家指向の拡大までもが若者世代に普及してきたことであり，これがわが国経済成長の一大特質なのである。

　本来，給与所得者でない学生や児童・生徒たちまでもが主要な消費者にされていることは他の先進国には見られないものであり，しかも80年代後半からは，メーカー各社は販売競争のターゲットを若者に絞り込み，消費の牽引者として流行の仕立て役に担ぎ上げ，そして必要以上に持て囃していくという狂乱振りを展開し，それに煽られるように消費経済の分野における主役は，企業サイドの目論見通りに完全に大人から青年や子供へと移行してきたのである。

　こうした現象の受容と定着が，いつしか家庭内における親と子の間に金銭感覚の壁を形成することになり，子供たちが自発的にアルバイトで稼いだお金の使途については何も言えないという暗黙の領域が作られ，いつしか父親と同格の給与所得者として認知させ，更に小遣いを1円ももらわずに自分で

稼いでいるという実績と自負心は，旧来の伝統的な縦型の親子関係を一挙に形態変化させている。

　90年代に入って頓に，二十歳未満の若者たちが経済人としてカウントされてきたという現実は，わが国の経済主体である家計の根源である家庭そのものの中で，親子の価値観とそれぞれの存在関係を大きく変貌させているのである。実はこうした社会学的な考察も，企業内組織の構成員関係のあり方（一例を挙げれば最近の組合員加入率の減少）と同様の縮図があり，密接に関係していると考えているが，ここではこれについての論究は止めておく。

　本論に返って，2001年の開始早々の重大出来事としては，何と言っても中央官庁の一府十二省庁への再編が挙げられる。これによって中央官庁の輻輳した業務内容が仕分け分担されるだけでなく，地方行政も地方自治法の改正によって官指導の従来型の縦割りではなく，権限の移譲による自主再建の手立てが可能となったからである。行政改革が省庁再編として現実のものとなってスタートしたことは，わが国の国政にとっても大きな布石となり，21世紀社会への適合戦略の一貫として捉えるべきであると考える。

　新世紀への世界的な潮流はIT革命を如何に速やかに国民経済社会の隅々まで浸透させるかということに尽きるが，中でもグローバルマーケットの進展は，既に国境や時差を超えて世界中を闊歩し始めており，その最たるものには各国の主要証券取引所間での共通のネットワーク作りが上げられる。東京証券取引所でも，ニューヨーク，パリ，アムステルダム，ブリュッセルなどが合併して発足したユーロネクスト8証取と組み，24時間取引が出来るグローバル・エクイティ・マーケット（GEM）構想の実現・2005年を目指しているが，米店頭市場のナスダッグは大阪証券取引所に開設したナスダック・ジャパンと欧州に開設する新市場とを接続して主要銘柄の24時間取引を2002年に実現する計画を持っており，こうした証券市場での高度情報ネットワークの整備の分野において，わが国の対応の遅れが特に目立っている。

　時差の壁をなくすことによって，個人投資家が国内に居ながらにして世界中の主要企業に投資が可能になるということは，デジタル社会の齎した最大

の恩恵なのである。この恩恵に浴さない手はないと思うが，わが国の様々な分野での法的規制は，煩瑣な手続きを踏むこと無しでは，それを可能にしていない。

　法律，殊に企業活動を取り締まる法の制度改革については，クイック・レスポンス（機敏な対応）がなければ世界中の企業の時宜を得た活動に対処していくことは，不可能である。新規なものに対する後追い的性格は，明治以後の追いつけ型の域を出ず，追い越した途端に，また新しいものの後を追うことの繰り返しを続けていると思われる現状は，国のトップや企業の幹部たちに対して，アメリカの経営者たちから一体何を学んできたのかと言いたくなる程である。

　今日のアメリカの経営者は，南北戦争以後巨万の富を築き上げた産業の総帥たちのビジネスに対する伝統的価値観を継承しているように思える。例えば，鉄鋼王のA. カーネギーの言葉を借りれば，それは経営者としてはあらゆる機会を通じて飽くなき利益を追求する姿勢を崩すことなく，"My heart is in the work." と言い切った経営者としての自負心の旺盛さと，その一方では企業の地域社会への貢献の重要性を絶えず意識し，そして様々な活動を実践していることである。

　アメリカは衆知の如く，産業都市として繁栄している国家である。それぞれの州に産業を代表する企業群を形成しており，都市計画も街の景観を損なうことのないように整備されており，企業がある意味で街のシンボルとしての役割を形成しており，更にデュポンやフォードなどを挙げれば，本社工場の敷地内に建てられている博物館といった文化施設は，そこに居住する住民たちにとってオープンな憩いの場となっている。利益は株主に対するものであると共に社会にも還元するものであるという意識の下に経営責任を果しているのである。

　それに対してわが国の経営者の多くは，法人企業のためだけに利益追求活動を展開しているように見受けられ，個人としての見識も一度マスコミの前に立つと一挙に色褪せて見えるのは，一体どうしたことなのであろうか。

堂々とした姿勢で大企業の経営者は斯く在りきと思わせる人物が，少なくなったと思うのは筆者一人の感想であろうか。実力世界での覇者という形容は，今日では余り市民権を得られる言葉ではないけれども，"プロ中のプロ"としての行動と発言を諸外国のプロスポーツの選手たちに見せ付けられる我々一般の日本人としては，今日の経営者たちには，現役のプロフェッショナルとしての気概が薄いように感じられるのである。

　企業経営という実業の世界で生き抜くということは，いつの時代でも経営者に採ってみれば，決断と実行の連続であった筈である。その正確さを維持するための不断の努力は企業内外の情報収集に向けられていた筈である。ビジネス・チャンスは密かに獲物を狙うように待ち，そしてその一瞬を逃さずに果敢に挑戦していく。これがトップの醍醐味であった筈。現状維持に終始したかのような姿勢や言動の有無が，経営者の優劣を決定し，会社の浮沈を分けるのではないだろうか。

　筆者の僅かな経験からも，欧米の経営者とわが国の経営者の違いは，欧米の経営者が自己の経験と教養を隠すことなく現業への個人的な夢と拘りを話すのに対して，わが国の経営者は文化や歴史といったものを実務時間内では殆ど話すことがなく，人間味といった観点からは大差が付いているように思われる。

　取締役の権限強化が商法改正の中に含まれていることの意味を考える時，従来型のわが国の企業組織では代表取締の経営者としての資質の向上は，余り望めないのではないかと考える。というのも，上記のように，トップとして最も大切にしなければならないのは，欧米の経営者を見る限り，日常的には先ずコミュニケーションであり，権限の明確さを発揮する前の関係者とのブリーフィングでの説得力であるからである。

　これから何を自分がしようとしているのか。この会社の方向をどのように転換していくのか。我々が何をなさねばならないのか，またその結果として，我々がどのようなメリットを受けることが出来るのかなどを部下たちと定期的に話している姿は，まるで創業時の社長像を彷彿とさせるものがあ

り，これが欧米の経営者の現実である。そして Business は絶えず新しい日々への創造であり，経済の分野での飽くなき挑戦であるという鉄則を厳守していくという意識の不変性こそが，先進欧米諸国のトップに求められている伝統なのである。

　自己の立身出世のためというよりも，自分の企業や地域社会及び国家に対する貢献度の高さによって，必要不可欠な社会的存在として自他共に認められることこそが，生甲斐になっている。それに対して，わが国の一般的な経営者像は，戦後から高度成長期まで延々と貫いてきた率先垂範型の経営者を毛嫌いし，民主的な取締役会での合議制に変化させ，20世紀末を迎えて，またトップのリーダーシップを求めている訳であるが，この約30年間の経験は一体何であったのかと言わざるを得ないのである。日本的経営という流行語を実業の世界の住人たちが本当に金科玉条の如くに信奉していたのだろうか。だとすれば，明治以降延々とアメリカ経営から学んだものを，自己流に解釈して経済立国となった現状に満足していただけではないかという叱責も可能になるのかもしれない。経営の要諦は，どんな時代にあっても不変的であり，一貫性を備えたものでなければならない。

　戦後，P. ドラッカーの説くアメリカの経営者像をアメリカ経営学として本格導入し，事業部制を敷く企業組織のあり方に目の覚める思いを経験して一挙に自社の組織改革を行った。実際事業部制の導入は，1950年代後半からわが国の主要企業にとって，これこそが経営管理の真髄であるとされ，企業も好景気（神武，岩戸）の波に乗ったこともあり，その後分権管理組織は近代的企業組織の定番のようになった。最も松下電器が事業部制（Du Pont は1910年代，GM は1920年代の初期に採用している）を導入して再建を目指したのは，実にこれを遡ること20年前の1933年であったが，これは後に経営の神様と言われた松下幸之助氏だから出来たという評価がある。

　その後チャンドラー・Jr.の言葉として余りにも有名な「構造は戦略に従う」といった戦略論（Strategy and structure. 1962）が一世を風靡して，わが国の経営戦略は現象面ではアメリカを上回るほどの成果をあげ，それが日本的

経営の成功例として評価されたのである。

　しかしながら、これはあの壊滅的な敗戦の焼け跡から僅か十年で戦前の水準を上回る生産量と経済成長を実現し、当時のロンドンエコノミストから奇跡の復興と言わしめた日本が、それから更に20年を経て欧米の手法を身に付け、しかもそれを企業各社が制度化するまでになったことを評価したに過ぎなかったように思われる。

　現時点から見れば、日本企業は些か図に乗りすぎたと言える。道具立てを揃え、器用に世界経済の競争市場に打って出て、序盤戦では安価な良品を提供して優勢を保ったものの、中盤にその貿易収支の黒字は一挙に原油価格の高騰や小麦製品の輸入に苦慮し、主力製品である鉄鋼、カラーテレビ、自動車などが相次いで日米間で輸出自主規制を受け、1980年代に入ってからは米、日本タバコ、皮革製品、そして半導体にまでより厳しい報復措置が採られるといった貿易摩擦の連続では、いくら儲けても旨味のない経営を強いられていたとしか言いようがない。

　戦争のない半世紀を、経済活動に全力を注いできたわが国であるが、景気の波は循環（谷→山→谷→）していくものであり、その指標が在庫循環、設備投資循環、建築循環などに求められていることを、看過してきたのではないだろうか。

　科学技術の進展が新世紀に入り、いよいよ生物学の分野では「種の起源」そのものの形態を変えてしまうほどの遺伝子の配列解読による操作（ヒトゲノム）が始まっており、情報通信分野では世界中の人々がパソコンを利用し、E-Mailなどの普及によって、終にはお金までも電子化（電子マネーに）しようとする動向が進展しており、既に「ICカード」が登場しているのである。デジタル社会の意図している方向は、世界中の人々にとって生活上の国境はなくなり、言葉の障壁も取り払われ、自国の通貨すら不必要とされるグローバル経済社会なのである。情報通信機器のこうした現下での動向を如何に速やかに捕捉し、またそれに適合していくのかが国民のすべてに問われてきているというのが、21世紀の世界的な潮流なのである。

今日重厚長大型産業を安全にそして確実に動かしているのは，紛れもなくコンピュータであり，しかもそのコンピュータが徐々にではあるが，人工知能を備えるものへと進化しており，更に極小化・極微の世界が現実のものとなって来て，機械や道具の歴史を一変させようとしているのである。技術独自の開発競争は，もはや誰にも止めることは出来なくなって来ており，すべての科学技術が極限の世界を眼前の目標として，20世紀の技術革新の最終段階を迎え，膨大な世界中の研究情報を収集・分析しながら，夢と可能性の域に留まっていた研究を現実的な開発に押し上げているのである。21世紀の技術製品は，開発段階からすべての原材料のリサイクル化とゼロ・エミッションを前提としなければならず，また世界的な環境対策と自然保護運動によって作る側も利用する側も相互協力が望まれているだけに，前世紀のような使用後に巨大なゴミの山を生み出す行動は脱却しなければならないのである。

　環境に対する配慮は，広範なネットワーク作りにまで発展しており，これが今企業活動にまでチェックのメスが入ったのである。製造物責任というものがメーカーに及ぶことになって久しいが，製造活動そのものに対して環境対策の詳細がなければ，操業が出来なくなってきているのである。それ故に，膨大な投資費用をどのように捻出していくのか，またその資金をどこから回収していくのか，また税効果対策費として処理できるのかといった問題が急浮上しているのである。

　21世紀の到来は，20世紀の負の遺産をどのように解消していくのかに，先ず目を向ける必要がある。薔薇色の未来というものは，存在しないからである。しかしながら，夢のない時代という訳ではないのである。むしろ，個人のレベルでの有効時間の飛躍的拡大は，人類史上始まって以来という程の広がりを持っていると考える。情報化の進展がそれを現実のものとするからである。

　わが国の課題は，国の方針にある如く，経済新生への筋道を徹底することにある。政治が政治家たちや財界だけのもののようになっていた20世紀型の政治は，すべて切り捨て，本来的な意味での民主主義，すなわち個人の人権

擁護を中核とした国造り，企業作りを達成していかなければならないのである。

　それを実現するためには，生活に密着するものに対する思い切った政策の実行が必要なのである。先ず国家財源が税金であるという当然の事実を忘れたような政治家は二度と選出せず，自社のみの利益を追求しているような企業の株は手放し，そして生活必需品や電気・ガス・水道・電話などの料金は，出来る限り安くしていく施策を実現していく政党を支援する。そんな行動を採らなければ見せ掛けだけの所得を獲得しても，生活満足度は上がるものではないからである。怒りを忘れた国民と言われて久しいが，今こそ市民権の行使を実行する時である。馬鹿馬鹿しいような低金利政策に対して何らのリアクションせず，自分の資産を減らされながら文句の一つも言わないでいる国民が，経済大国の主要な構成員であること自体が矛盾しているのである。縦型・家社会の呪縛から意識が脱出していないということの，証明なのかもしれない。

　権利意識と義務・責任の行使といった契約社会の最低限の約束事を反古にしてはならないのである。20世紀は企業が絶対王国を作ったかのような時代錯誤に陥って，自社グループの拡大を計り，支配権を徹底した時代であったかも知れず，またそうした大企業での活動に人生の目標を見出していたヒトが多く存在したことは確かであるが，その企業文化が結果的に日本国民の生活意識や価値観を自己中心主義に変えてしまったことは，止むを得ない歴史的な経験ではあったかもしれないが，21世紀は企業も国家ももっとガラス張りの組織になっていかなければ，その存在そのものが空虚なものとなっていく時代なのである。

　本論の現時点でのまとめとして，最後に気になる一つの問題を挙げておく。それは一月に入ってアメリカのほぼ全業種の企業在庫が急増して，それが生産調整に拍車をかけていることである。「米景気減速を反映し，米国企業の売上に対する在庫の比率（在庫率）が急上昇してきた。直近統計の昨年十一月の同比率は，1.36カ月で，6カ月間ほぼ一貫して上昇を記録，99年4

月以来の高水準となった」(日本経済新聞, 2001.1.19)。米商務省の発表では, この在庫額は1兆2,214億ドルと史上最高を更新している。米国ではGDPの約1割が在庫であり, 在庫の増減が景気の波動を生み出す要因とされているだけに, この状況を看過してはならないのである。

　アメリカはブッシュ新政権の登場と共に, 対日政策を強化してくると予測されていただけに, この状況は今後わが国政府や輸出関連企業にとって深刻な問題となってくることは間違いない。米国経済が情報関連企業, すなわちベンチャーを中心とした店頭市場での上場熱で高まっていた最中に, 在庫率が上昇して在庫管理費を増大させ, これが企業収益を圧迫しているという状況は, 製品売上の急増を見込んでの生産活動の結果であったことの証明である。強気一転張りの企業及び市場戦略が供給過剰を引起こしているのである。それ故, 全業種で今後生産調整を余儀無くされているということであるが, わが国の証券業界に見られる投資行動もアメリカの情報神話の連続性を前提していると見られるだけに, この反動の波が一挙に押し寄せて来ることが当然考えられる。

　わが国は米国との密接な政治・経済関係を前提に構築されているだけに, こうした米国の国内問題は, 即わが国の経済に多大な影響を及ぼす元になる。商法の改正から論述を始めた論文であるが, やはり最後は日米間の力関係に対して論究せざるを得ないのである。金利政策や為替操作, 原油価格の増大, 情報通信業界のソフト競争, 外資系企業の進出強化など, わが国は依然として対米関係においては20世紀の構造をそのまま残しているのである。21世紀のわが国最大の課題は, 自立した国家としての態度と行動を示し, アメリカとの対等関係の構築であることは否定出来ないと考える。わが国の構造改革の目指す諸施策の究極の目的が, この一点にあることを望みたい。

（1） 1954年制定された**ガス事業法**は，ガス料金は政府の規制下に置かれ，「原価主義」「公正報酬」「ガスの使用者に対する公平」を三大原則とした。しかしながら，45年後の99年5月に**改正ガス事業法**が交付され，小売分野では需要家利益の増進や，負荷調整契約を含めた経営効率化に資する料金メニューの設定については，届出制とすることが定められた。

　一方1964年に制定された**電気事業法**も「原価主義」「公正報酬」「需要家間の公平」という三大原則があり，政府の許可を受けることが義務付けられてきたが，99年の**改正電気事業法**では，小売自由化の対象である大口需要については，事業者と需要者との交渉によって料金を決定できるようになった。

（2） 電機メーカーの「ソニー」が銀行の予備免許を2001年1月31日に金融庁に申請した。インターネットを利用した個人向けの新しい銀行を設立するためであり，金融機関以外からの銀行設立の動きはイトーヨーカ堂とソフトバンクについで2社目である。

（3） 保有株の含み損益が自己資本に組み入れられる時価会計導入されれば，保有株が多いほど株価変動の影響が経営に大きく影響してくる。

（4） 銀行は独占禁止法（第11条①）で，金融業は国内の一会社の発行済み株式総数の5％を超える株式は所有できないことになっている。しかし，銀行同士の合併が行われると上限の5％を超える場合も出てくる。このようなことからも，銀行の持ち合い株の解消が今後進むと考えられる。

（5） 昭和56年の商法改正により，投資単位としての一株当たりの株価最低額は5万円とされた。関連する商法の条文を以下に示す。

・**166条2項**　設立時に発行する額面株式の一株の券面額が5万を未満とすることは出来ない。

・**168条の3**　設立時の無額面株式の発行額を5万円未満とすることは出来ない。

・**218条2項後段　株式分割時株式数の増加により，最終の貸借対照表上会社に現存する一株当たりの純資産価値が5万円未満となることは許されない。**
「……最終ノ貸借対照表ニ拠リ会社ニ現存スル純資産額ヲ分割後ノ発行済株式ノ総数ヲ以テ除シタル額ハ五万円ヲ下ルコトヲ得ズ」

・**280条の9の2第一項後段**　すでに発行されている株式と新株の数との合計額で割った金額は，5万円未満であってはならない。
「……此ノ場合ニ於テ最終ノ貸借対照表ニ拠リ会社ニ現存スル純資産額ニ払込ヲ為サシムル金額ノ総額ヲ加ヘタル額ヲ発行済株式ノ総数ニ新株ノ数ヲ加ヘタル数ヲ以テ除シタル額ハ五万円ヲ下ルコトヲ得ズ」

・**284の2第二項**　資本に組み入れないことが認められるのは，額面株式については券面額，会社の設立に際して発行される無額面株式については，それぞれ5万円を超える部分に限る。

（6） 松下では1933年（昭和8年）5月事業部制を実施し，工場群を3つの「事業

部」に分け，ラジオ部門を第1事業部，ランプ・乾電池部門を第2事業部，配線器具・合成樹脂・電熱器部門を第3事業部とする製品分野別の自主責任体制とした。事業部制の採用には「自主責任経営の徹底」と「経営者の育成」の2つがあるとして，それぞれの部門が事業責任を負って推進する体制を確立した。

第5章
産業構造改革と総合物流化施策

はじめに

　2001年9月11日以来,世界はまた民族闘争の歴史を色濃くし始めている。世界貿易センターのツインビルがテログループによって崩壊させられた報道は,世界中の市民を震撼させた事件である。21世紀の幕開けに未曾有の大きな痛手を被ったことは,アメリカを硬化させ,先進資本主義国の行く末を「正義対悪」の構図という単純化された二元論で位置付けている。

　わが国はアメリカとの友好関係を前提にした典型的な戦後経済成長を達成してきたために,この米国の方針に対して経済優先の軸をそのままに,先進資本主義国の自由主義経済を世界の国々へと市場拡大を意図して,21世紀への適合戦略として,構造改革を推進しているのであるが,その裏面においては,旧来の伝統的な拡大型経営指向の多国籍化による世界市場支配を実現するといった経営戦略から,時間競争をあらゆる活動の目的へと昇格させる情報・通信網の整備・普及に連動した,コンピュータ・ネットワーク・ビジネスへの転換を急ぎ,巨大なキャッシュフローの離合集散による巨大な潮流を世界の主要株式市場の開始時間差を利用して惹き起こし,更には巨額な株式売買を前提に企業資産の増殖を図っている。

　世界がドッグ・イヤーの時代へと変貌していく中で,わが国の業界再編は正に劇的に進行しており,株式公開企業の決算も親会社単独から子会社を含めた連結中心へと基準の見直しを図ることになった。それ故,企業会計も国際会計基準への適応に移行せざるを得なくなり,時価会計を導入することになり,いわゆるグローバル・スタンダードへの是正措置は着実に各分野で進

行することとなったのである。これによって金融・証券・通商・貿易分野をはじめとして，国際基準統一化の波が押し寄せているのである。[1]

とはいえ，わが国ほど異文化との接触に際して一国の文化を先進国のそれに柔軟に適応させてきた国家もめずらしいのである。聖徳太子の時代より，日本人はその都度外部からの強力な異国の文明の果実を取り入れながら，優れた外国文化に独自の意匠を加え，衣食住といった日常の生活形態に取り込みながら先進世界の優れた技術を学び，国内統一に至る長い封建社会という戦乱の世を経験した後，明治以降，殊に西南戦争（1877）での日本人同士で最後の戦争を追えた後，一挙に近代国家の仲間入りを目指し，そして達成してきたのである。

今日の「わが国のかたち」が確立するまでには，様々な人々の日本に対する強烈な思いが存在していることを，そして現代の混迷に何かの糸口を求めるならば，もっとわが国の歴史を真剣に考え・学ばなければならないのは，当然の理である。[2]

現状では，わが国は資源小国の前提から加工・組立産業を中核とする貿易立国日本の真価の発揮とそれを裏付ける国際的役割が，喫緊の課題として問われているのである。それだけに「日米中ロ」関係を機軸とするアジア市場経済の動向の中で日本の地政学上の位置は極めて重要視されているのである。"空と海の新たな大航海の世紀"となった21世紀に向けた積極果敢な施策実現への機運と期待は，日増しに高まっているのである。その証左の一端は，政府が日本の再生と創造を目指し，関係省庁が一体となって連携して，今日までのわが国の「高コスト構造の是正」と「国際的に通用する物流拠点の創設」を推進していくために閣議決定した『総合物流施策大綱』（平成9年4月4日，以下は『物流大綱』とする）及び『経済構造の変革と創造のための行動計画』（平成9年5月16日，以下『行動計画』とする）である。

それ故，ここに21世紀日本の国際化の方向性とその適合戦略の行方を物流・ものの流れを中心とした施策の中で検討し，今後全国各地で展開される社会基盤整備事業の考察に際して，更なる地域の「魅力創造」と新規事業の

「活力向上」の源流として位置付け，『物流大綱』の意義と実効性についての見解を再度まとめた次第である。

Ⅰ. 総合物流施策大綱の概要

a. 総合物流施策大綱の意義

　新聞紙上で物流が従来の個別企業間に見られたいわゆる川下統合戦略としてではなく，日本の再生を果たすためのわが国の重要施策として注目されるようになった直接的契機は，平成7年11月29日経済審議会（首相の諮問機関，平岩外四会長）は，新しい経済計画「構造改革のための経済社会計画－活力ある経済・安心できる暮らし」（1995－2000年度）を村山富市首相に答申したことに始まる。戦後，第13番目となったこの新経済計画では，バブル崩壊後の経済低迷を克服し活力を取り戻すための施策として規制緩和を推進すること，そして企業や生活者が自己責任で自由に活動できる経済社会への改革が急務であることを強調し，わが国の高コスト構造是正のための行動計画目標に，物流，エネルギー，流通など十分野を最重要項目として挙げていた。[3]

　この時点で，物流を第一の重点項目としたことから，平成9年4月4日に総合物流大綱の決定をみることになったのである。現状においても依然として景気の低迷と政治の不安定化の続く時代に変わりはないが，政府が矢継ぎ早の経済対策を繰り広げる中で，日本の抜本的な構造改革を実行するために具体的な行動目標を示して，21世紀の日本創造計画として「国是」ともいうべき姿勢をもって省庁再編を睨みながら着々と推進しているのが，実は『物流大綱』と『行動計画』の目標を達成することである。

　90年代に入り，国際社会の一員として，そして急成長を遂げているアジア市場の中核（ハブ）拠点として，日本が金融面及び技術面で求められている役割は益々大きくなっており，中でも世界の交流拠点として人的・物的資源の活用と制度面での改革（規制緩和の推進など）によって，魅力ある日本の玄関口となる港湾と空港の本格的な整備は喫緊の課題となっているのである。

それだけに人・モノ・カネ・情報の集中する巨大な玄関口となる世界中に開かれた壮大な物流拠点の創設が、日本の21世紀新生戦略として急浮上しているのである。

わが国の経済は1985年9月のプラザ合意（G5・ドル高是正合意，終値1ドル200円）を契機に世界一の債権国へと成長したが、コスト面及び独特な伝統の上に立つ商慣習の面において、度重なる貿易摩擦を惹き起こしてきたことは衆知の事実である。従来まで時の政府は臨機応変な対応に終始してきたが、今日では最後通牒ともいえる抜本的及び構造的な対処施策が求められており、累積する課題に対しても経済摩擦を速やかに解消して、対等なパートナーとしての責務を国際政治の中で果たす強力な政策実現が、一国のプレステージとして求められているのである。しかしながら、翌86年にはイギリスが金融自由化（ビッグバン）に踏み切り、97年にはルーブル合意（G7）で前年までとは逆にドル安に終止符（1ドル160円）が打たれるという状況となっていた。

それだけに橋本政権が臨んだ98年2月のG7や4月のバーミンガムサミットの懸案事項には、「日本の改革」についての具体的な数値目標が要求されており、従来のような当座凌ぎの統計目標値では意味のないものとなっていたのである。それ故、内需拡大をベースとした景気刺激策（地域活性とインフラ整備を含む）と高コスト構造の是正措置を一括して実現するための最適有効施策が政府内で審議され、閣議決定されたのが『物流大綱』なのである。

『物流大綱』で重要なのは、民間事業者主導に事業を推進し、空港、港湾、高規格高速道路を一体型のネットワークで運営し、最大物流を搬入出するため日本の4カ所の港湾（東京湾、伊勢湾、大阪湾及び北部九州の中枢国際港湾）を中核拠点としてわが国の「高コスト構造の是正」と「国際的に通用する物流拠点の創設」を実現し、更に21世紀の高度情報・通信社会に向けて"質・量・コスト・タイミング"共に適合できる新たな産業構造の変革と創造を意図していることである。それだけに、現実の政府の実行している施策を理解するためにもこの『物流大綱』の目指す方向性を正確に捉えていく必要があ

ると考えている。次に示すのは，筆者の展開する論旨を明らかにするために現代社会についての時代認識の方法としてまとめたものである。

日本の産業集積地域からの新世紀ビジョン
－空と海の世紀としての21世紀適合戦略－

日本の選択肢………産業構造の大変革
民間活力の最大活用→日本の課題

世界の構造：軍事（政治）大国→経済大国→科学技術大国
国際関係：日・米・中・ロの4極体勢
日本の選択：新経済計画（戦後第13回）と「総合物流施策大綱」の実行
「経済の変革と創造のための行動計画」グランドビジョンの策定

圏域単位の広域交流の見直し

（港湾）→←（空港）→←（高規格道路）→←（鉄道）
アクセス・ネットワーク化
☆国際競争力強化　☆高コスト構造の是正

総合物流拠点の整備

地方行政の個性化と役割分担

地方分権に向けた対応策の検討	2～5市の連携プロジェクトの必要性大
環境とみどりの視点 広域型街づくりプロジェクトの推進 都市・地域間交通網の整備・延長 共通課題の特定	中規模都市の自立化 既存の商工業の魅力と活力の向上 中心市街地の活性化 都市総合計画の業際化

```
        ↓                           ↓
   [生き甲斐の探求]            [働き甲斐の追求]
        ↓                           ↓
〔地域〕 人づくり              まちづくり 〔環境〕
    ┌──────────┐          ┌──────────┐
    │ 歴史・文化 │          │ 技術・伝統 │
    │ 教育・経営 │          │ 景気・経済 │
    └──────────┘          └──────────┘
```

┌─────────────────────────────────────┐
│ 現在までの社会の変遷：産業社会→脱産業社会→消費社会 │
└─────────────────────────────────────┘

21世紀→広域型地域情報社会への胎動

　日本の物流産業集積地からの新世紀ビジョンとしてのまとめであるが，これは副題に示したように21世紀が太平洋の世紀であるとの共通認識を基に，位置付けたものである。混迷の時代のブレイクスルーとして，総合物流拠点の整備は重大な意味を持つのである。次にこの『物流大綱』について，筆者が考案し，提唱している概要図を示しておくことにする。

☆基本的な考え方

□わが国の新たな可能性の開拓戦略→物流の在り方を根本的に見直す

┌─────────────────────────┐
│   物流サービス機能からの経済政策   │
└─────────────────────────┘

輸出入，製造，保管，売買，消費，廃棄といった経済全般に関係
　　　　↓
高度化，高付加価値化　　——→　産業競争力及びCSの強化
　　　　↓
エネルギー，環境，交通渋滞問題の解決策　国際化・情報化時代の要請
　　　　↓　　　　　　　　　　　　　　　　↓

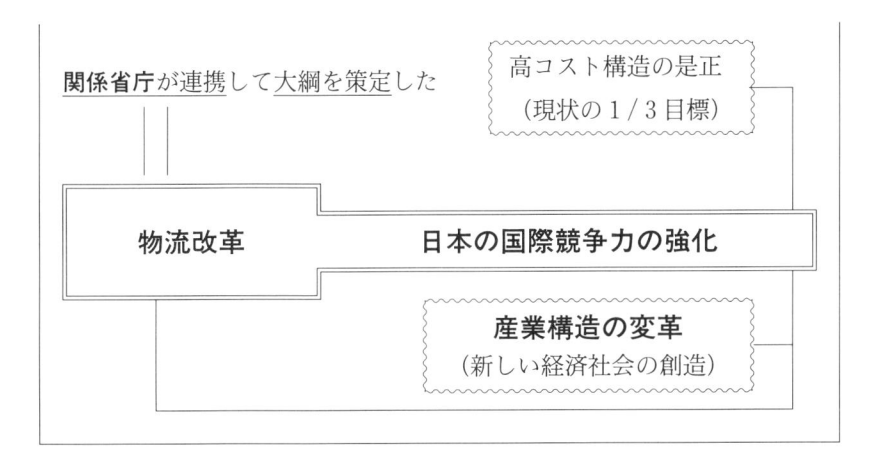

```
                        高コスト構造の是正
関係省庁が連携して大綱を策定した   （現状の1/3目標）

   ┌─────────┐┌────────────────────┐
   │ 物流改革 ││ 日本の国際競争力の強化 │
   └─────────┘└────────────────────┘
                         産業構造の変革
                        （新しい経済社会の創造）
```

　以上のような特徴が，この大綱には包含されているのである。換言すれば，現状での**首都機能移転問題**や**新国土軸（日本海，北東，西日本，太平洋）**の形成及び整備新幹線の論議までも取り込んでしまうほどの壮大な構想と関係省庁の体系的連携による時限立法付の開発整備目標が示されているのである。総合物流拠点を創設することが，**圏域単位の広域交流**を開花させ，地方行政の個性化と役割分担にも効果的な影響を及ぼすことになり，日本の潜在的な繁栄を方向付けることになるのである。そしてこれは同時にものの流れを**最適効率化**していくことで実現するのである。

ｂ．総合物流化への推進

　物流大綱の進捗状況については，平成9年8月より全国各地の推進会議において物流をめぐる現状と課題がとりまとめられている。平成10年度は，これらの報告を受けて実施に向けて更に具体的な検討が進められている。ここで重要なのは，総合物流拠点の創設には，当該地域を拠点として"人，モノ，カネ，情報"の巨大な流れを受発信する広域的なネットワークの創造が求められていることである。推進会議では，**全国を「北海道地方」「東北地方」「関東・甲信地方」「中部地方」「近畿地方」「中国地方」「四国地方」「九州地方」「沖縄地方」の9ブロック**に分け，圏域単位での総合的な取り組み

を進展させていくという全国総合計画の基盤に沿った総合物流施策を，当該地域の特性（例えば伝統産業，自然環境，及び農業文化に至るまで）を生かしながら実現していくことが共通の課題となっているのである。

「物流大綱」では，「**関係省庁連携の下，港湾，空港，道路ネットワーク，広域物流拠点，情報化等の国際交流基盤に係わる総合的な施策の伴った国際交流インフラ推進事業を平成9年度は全国13地域で推進する**」(13頁)とされており，これは関係省庁，地方公共団体，物流事業者，荷主が連携して施策や取り組みを展開していくことになっている。言うまでもないが，国及び地方の関係省庁（概ね30機関）が相互連携して物流事業を推進するということは，わが国の従来型の縦割り行政からは考えられない出来事でもある。しかも物流拠点創設のための法律（時限立法を含む）を体系的に整備・成立している事実は，一般的には看過されているが，優れて現実的であり実効性の高いものとなっているのである。

この拠点創設のための法律の変遷を概観しておくと次のようになっている。

新　規　事　業　法：【法律第59号，平成元年6月28日】
　　　　　　　　　　新事業の推奨とその実現への協力・支援，国内の産業の活性化を促し，雇用の創造を図る。

輸入促進対内投資法：【法律第22号，平成4年3月31日】
　　　　　　　　　　輸入促進地域・FAZによる輸入促進を図る。対内投資事業者への優遇措置の設定。

行　政　手　続　法：【法律第88号，平成5年11月12日】
　　　　　　　　　　認定に係わる手続きの簡素化。

新　事　業　促　進　法：【法律第128号，平成7年11月1日】
　　　　　　　　　　第1条特定施設整備法で物流拠点創設を支援する新資金の設立。第2条新規事業法において，商法の規定による上場企業に準ずる新会社の設立。

日 本 開 発 銀 行 法：【法律第108号，平成9年1月23日】
　　　　　　　　　　開発銀行による外国企業，外資企業への資金の
　　　　　　　　　　融資。
関税法施行令の一部改正：【政令第110号，平成9年3月31日】
　　　　　　　　　　総合保税地域のための法人の設立。

　上記の法律で理解されるように，これほどの特徴（パワー）をもつ施策を法案整備した上で，物流大綱を提出したという点を真摯に受け止めなければ全国的な開発プロジェクト動向の本質を把握することは困難なのである。物流を推進母体として，わが国の**高コスト構造の是正**を一挙に達成しようとする主たる理由としては，先述したように端的に言って積年にわたる**対米貿易交渉**での辻褄合わせ的外交の失敗が挙げられると思う。日本が官民挙げて日本的事なかれ主義（護送船団方式）に固執している間に，米国は80年代レーガン政権に入ってから核・軍事交渉を軸に積極的な外交戦略を展開していき，レーガノミックスの下で国の財政再建目標を明確にしていった。

　そして90年代からの米国の躍進は目覚ましく，貿易赤字を軽減しかつ財政赤字を長期国債の金利高でかわしながら，わが国の景気低迷とは裏腹に世界通貨としてのドルの強みを最大限に生かして，世界の貿易・金融・証券業界を呑み込み始め，更に資本主義社会の根本をなす競争面での投機性（ハイリスク・ハイリターン）を市場メカニズムの規準として東南アジア市場にまで浸透させ，WTOの加盟を軸に中国との経済交流と友好提携を深め，情報化戦略を駆使した国際的な商品流通体制を作り上げていったのである。

　この動向の波が日本には**アジア市場**への新時代として認識されてきたことは衆知のところである。巨大な**国際的ハブポート**の建設を推進する香港やシンガポールの国際的地位は急速に高まり，日本の独走を許さなくなって来ているのである。それ故に日本の産業集積地としての重要港湾周辺地域の役割は，こうしたアジア市場の隆盛に刺激されて一挙に高まっているのである。主要空港及び地域港湾の整備が急速に進展しているのもこうしたアジアの新

興諸国の経済成長による再編成動向によるものである。

2001年以降，全国の四カ所の国際ハブ港湾（東京湾，伊勢湾，大阪湾及び北部九州の中枢国際港湾）を中心に国際物流が大展開していき，総合物流拠点の整備進展によって，**巨大な商流**（Business Wave）が実現する。21世紀対応型の本格的な産業構造転換への新たな展開が予測されるだけに産業集積地としての重要港湾地域の活性化策を総合物流拠点創造事業に求め，国策との連携を促進していくことが重要となるのである。

ここで99年11月初旬に発表された政府の**「経済新生対策」**（基本的な考え方・我が国経済を自律的な回復軌道に乗せるとともに，21世紀に向けた新たな発展基盤の整備を図る）の骨子となっている『経済構造の変革と創造のための行動計画』で示されている今後成長が期待される15分野についての表を改めて示しておきたい。

関連分野	（雇用規模予測）[万人]		（市場規模予測）[兆円]	
	現　状	2010年	現　状	2010年
1. 医療・福祉	348	480	38	91
2. 生活文化	220	355	20	43
3. 情報通信	125	245	38	126
4. 新製造技術	73	155	14	41
5. 流通・物流	49	145	36	132
6. 環境	64	140	15	37
7. ビジネス支援	92	140	17	33
8. 海洋	59	80	4	7
9. バイオテクノロジー	3	15	1	10
10. 都市環境整備	6	15	5	16
11. 航空・宇宙（民需）	8	14	4	8
12. 新・省エネルギー	4	13	2	7
13. 人材関連	6	11	2	4
14. 国際化	6	10	1	2
15. 住宅	3	9	1	4
	1,066 ⟶	1,827 (1.7倍)	198 ⟶	561 (2.8倍)

上記15分野では**流通・物流分野の市場規模**は現状の36兆円から132兆円

(3.7倍)となり，最大の市場規模となると予測されている。情報通信市場と比較しても高くなっている点が，この表の特徴である。そして，21世紀初頭は流通・物流市場の成長が，わが国の産業や景気の牽引車的役割を担うことになることが示されている。この表は，新産業創出が期待される分野の現状と予測値であるが，97年度より建設・通産・運輸省は共同で，空港，港湾を核にした国際競争力のある物流拠点の整備を目的とした新事業に着手しており，**物流拠点までのアクセス道路の整備**や地域産業の技術開発支援及び地域産業支援策など，各省庁が所管する**基盤整備事業を一括して実施**しているのである。

以上のように『物流大綱』(実行策)及び『行動計画』(目標)を基にした「国際交流インフラ推進事業」の進展には，日本の将来方向が確定されているのである。しかも特記しておきたいのは，物流拠点の整備は民間事業者が行うことになっている点である。このことは上記の「経済新生対策」にも基本的な考え方の中で次のように述べられている。即ち「**公需から民需への円滑なバトンタッチを行い，民需中心の本格的な回復軌道に乗せるため，公共投資の拡充，雇用不安を払拭させるための施策を実現する。**」それだけに，今後の圏域単位での開発と将来ビジョン策定には現実的なプロジェクト動向の背後にある巨大な国際化と総合物流化の潮流を見極めた対応が求められるのである。中央からではなく地方からの魅力ある本格的な物流・情報発信の時代が来ていることに対して，地域も十分な対策と準備を急がねばならないのである。

II. わが国の物流施策

a．フォローアップと港湾施策

港湾及び空港整備事業にとって運輸省関係の法案整備が唯一の関心事であったことは否めない事実であるが，近年この間の事情が大きく変化しているのである。その一大契機をもたらすことになったのが，前節で紹介した経済

審議会が平成7年11月29日に答申した新しい経済計画（戦後第13番目）である。この答申内容で注目すべき点は「企業や生活者が自己責任で自由に活動できる経済社会への改革が急務である」ことを強調し，更に「わが国経済の高コスト構造是正のための行動計画の目標に，物流，エネルギー，流通など」を最重要項目として掲げていたことである。そして2年後の平成9年，総合物流化という視座の下にわが国の公共事業計画として最大規模の港湾や空港，そして高規格道路の推進・整備事業などが，民間委託という新しい事業手法（平成11年7月には**PFI推進法**として結実）の導入を伴いながら全国的な社会資本整備事業の一環として含まれることになったのである。

こうした旧来の中央官庁の施策実行を大転換するという画期的な方向性を決定したのが「物流大綱」である。この物流大綱は，総合物流拠点創設のための支援策として道路・空港・港湾施設の機能を一体的に高めながら，同時に当該地域（圏域）内に存在する産業の再構築および再活性化（産業構造の転換）を促進し，更に21世紀の本格的国際情報社会対応型の"新しい都市づくり"を想定し，社会基盤・**社会資本整備**の充実と全国的な広域産業連携（ネットワーク）の実現と地域活性化を目指しているのである。特筆すべきは，この新しい都市づくり（その中枢的事業が総合物流拠点の創造である）には，国の資金が還元され，そしてその事業の運営主体が民間事業者，すなわち**物流事業者（認定事業者）**に一任されているのである。

また，同年5月16日に閣議決定された「経済構造の変革と創造のための行動計画」では，新経済計画をより一層強化・推進するために

 I．新規産業の創出
   1．新規産業創出環境整備プログラムの推進
       （成長15分野について規制緩和，技術開発，人材育成，知的基盤整備，社会資本整備等の施策を総合的に実施→**740万人の雇用創出**
 II．国際的に魅力ある事業環境の創出
   1．高コスト構造の是正
       （**物流，エネルギー，情報通信**という産業基盤分野におけるコストを含めたサ

郵便はがき

1 6 2 0 0 4 1

恐れ入りますが郵便切手をおはり下さい

（受取人）
東京都新宿区
早稲田鶴巻町五一四番地

株式会社

成 文 堂

企画調査係 行

お名前＿＿＿＿＿＿＿＿＿＿＿＿＿＿＿＿＿＿（男・女）＿＿＿＿歳

ご住所(〒　　　－　　　　)

＿＿＿＿＿＿＿＿＿＿＿＿＿＿＿＿☎＿＿＿＿＿＿＿＿＿＿＿＿＿＿＿

ご職業・勤務先または学校(学年)名＿＿＿＿＿＿＿＿＿＿＿＿＿＿＿

お買い求めの書店名

〔読者カード〕

書名〔　　　　　　　　　　　　　　　　　　　　　　　〕

　小社の出版物をご購読賜り、誠に有り難うございました。恐れ入りますがご意見を裁ければ幸いでございます。

お買い求めの目的（○をお付け下さい）
1．教科書　2．研究資料　3．教養のため　4．司法試験受験
5．司法書士試験受験　6．その他（　　　　　　　　　　　　）

本書についてのご意見・著者への要望等をお聞かせ下さい

〔図書目録進呈＝要・否〕

今後小社から刊行を望まれる著者・テーマ等をお寄せ下さい

ービス水準を2001年までに国際的に遜色のないものにする）
 2．企業関連諸制度の改革
　　（新規産業の創出，産業活力の高揚及び国際競争力の維持などの観点や国際水準に配慮しつつ検討する）
 3．労働・雇用制度改革
 4．経済構造改革に資する社会資本整備・利用効率向上
　　（総合物流施策大綱に基づく物流施策の総合的な推進）

などの項目が明示されており，これらを実現していくために，わが国で初めてと言ってよいと思われる**「関係省庁連携会議」**という横断的な取り組み体制を構築しているのである。上記の「経済の変革と創造のための行動計画」の内容をみても物流施策を中心に据えた改革目標が示されていることが理解できるが，如何に物流効率化を促進していくかがこの「行動計画」の眼目となっていると言えるのである。筆者が論究を進めている「物流大綱」の意図する総合物流拠点創設事業には，全体で約3,000ha規模の土地（未利用地を含む）が想定されており，この広大なエリアにおいて21世紀型の日本経済の原動力となる**物流・ネットワーク産業**が形成され，それを主たる構成要素とする新都市の創造が目論まれているのである。それだけに拠点地域内では，そこに居住する人々が伝統を維持・継承しながら快適に生活し続け，そして安心して働けるような「勤住接近」や「自然環境保護」，「省エネ」，「安全対策」などを前提に，廃棄物を出さないクリーン・エネルギー・システムを実現して，完全リサイクル型（生産→流通→消費→廃棄→原材料としての再利用→生産へといった完全循環）社会をめざした**ゼロ・エミッション社会**を基本とした，世界的にも先例のない規模での川上・川下産業を情報統括した大規模な一貫生産型の総合物流拠点創造事業（加工・組立・展示・販売）を推進していくことが要求されているのである。

　大綱策定後における物流施策の充実強化の取組状況は，平成9年8月に［財政構造改革において物流効率化による経済構造改革特別枠1500億円を創設しており，その主要項目として高規格幹線道路（アクセス道路を含む）中

枢・中核港湾，拠点空港，中心市街地の整備］に重点が置かれているのである。しかも，この強化策は同年12月に出された「経済構造改革行動計画フォローアップにおいて物流施策を強化」へと連動している。

一方，平成10年3月の**「規制緩和推進3カ年計画」**において一層の規制緩和推進策が盛り込まれ，港湾運送事業規制に関しても，

1．現行の免許制（需給調整規制）を廃止し許可制に
2．料金許可制を廃止し届け出制にすべきである
3．港湾運送の安定化等を図るための各施策の実施及び検討が必要
4．内港海運暫定措置事業の導入により船腹調整事業を解消

などの思い切った措置が図られ，平成10年4月「総合経済対策」において物流効率化事業（8,000億円）という巨額な特別枠を創設し，国際ハブ空港，ハブ港湾，高規格幹線道路，空港・港湾へのアクセス強化やトラックの物流管理システムの実証開発などに充当されているのである。

これらはすべて物流システムの高度化を達成するための施策として，政府が21世紀日本の再生をかけて重点的に行っているものであり，国の社会資本整備事業と共に他のあらゆる重要法案においても，物流効率化が骨子とされている。2001年1月からはじまる省庁再編（一府十二省庁へと移行する）の中で展開される**国土交通省**（建設・運輸・国土）の施策は，現行の土地利用の高度化施策に見られるごとく，既に前倒し実施がなされていると考えられる。[6]

b．物流施策と社会資本整備

99年度の通常国会において**「産業再生法」**や**「PFI推進法」**などの重要法案が成立しているが，こうした法律の適用範囲はすべての行政機関や民間企業に及ぶものだけに，港湾・空港・鉄道アクセスなどの社会資本整備事業も例外ではないのである。現実的に1999年に開港100周年を迎えた全国22の港湾での周年記念事業でも，"開かれた港湾，地域と共に発展する港湾"整備を目指しており，地域産業の中核物流拠点としてだけでなく同時に市民の憩う空間創造を推進している。「大綱」の意図した壮大な構想とその事業化は，

第5章　産業構造改革と総合物流化施策　　109

徐々に目に見える"かたち"として現れているのである。

　先述のように物流大綱の基本的な考え方は，わが国の経済発展の新たな可能性の開拓戦略として**物流（すべての人々の生活に関わるものの流れ）**の在り方をハード・ソフトの両面から根本的に見直し，日本経済の源流を司る物流関連産業の再構築を達成し，空港・港湾・高規格道路・鉄道の一体的なアクセス（時間短縮）の最大効率化を実現することによって経済構造改革を推進して高コスト構造を底辺から改善して「物価」を下げ，21世紀対応型の産業構造を創造するというものである。本来**物流サービス機能とは，輸出入，製造，保管，売買，消費，廃棄**といった一国の経済活動全般に関係するものである。これを高度化・高付加価値化することによって，日本の産業競争力は飛躍的に増大し，国際化，情報化時代の多様な要請に適合した創造型（研究開発の連鎖を模索する新規ビジネス）の企業管理が可能となり，深刻さが増加しているエネルギー，環境，交通（渋滞）問題等の積年の課題に対しても，関係省庁が既存の行政の壁を乗り越えて，連携して一体的に解決していくことを意図して閣議決定された施策が，「大綱」なのである。

　平成10年度の**運輸経済年次報告**においても，第3章に効率的な物流体系の項目が設けられ，第1節で総合物流施策大綱に基づく施策の推進，第2節で物流構造改革に対応した物流拠点の整備，第3節で物流サービスの向上，物流システム高度化への取り組みが明示されている[7]。物流拠点整備に関する国の基本的な考え方としては平成10年6月に「物流拠点の整備を進める上での指針」がすでに策定されており，国，地方公共団体等の関係行政機関，民間事業者等整備主体に具体的な役割や方向性が示されているのである。

　21世紀の大交流時代を支えるためには輸入促進への対応が急務となっており，中でも港湾及び海運の効率化や利用促進を円滑に図り，そのための諸手続の簡素化や積年の課題であり目標でもあつた**365日24時間体制**の推進，港湾運送事業法の見直し，内港海運に係わる各種規制の緩和・撤廃をより強力に推し進める必要がある。詳細は紙面の制約から省略するが，こうした課題に対する適応は，すでに随所で改善が図られている。

今日地球規模での環境問題の関心の高まりは、環境負荷の少ない交通ネットワークの整備を不可欠のものとしているのである。効率的な物流体系の構築の中で産業構造改革に対応した総合物流拠点の整備は、情報ネットワークの推進と共に日本の将来を決定付ける施策なのである。

それだけの目的意識（理念）と実効性（法整備）を秘めた最重要な施策であることを、先ず認識しておくことがこの「大綱」を理解する上での必要条件となるのである。また、その前提なくしては、現状における関係省庁の連携する施策の矢継ぎ早の実施動向は正確に捕捉することは出来ないと考える。99年の通常国会において、以前にも増して格段に鮮明となった「社会資本整備事業」の名の下に収斂されてきたいわゆる民間活力を最大限に活かす公共事業への転換に関わる数多くの法律を一つ一つ精査していけば、そこに記述されている内容が、筆者が論究している「物流大綱」と「経済行動計画」に指し示された内容と、密接に整合していることに気が付くはずである。99年11月に出された経済対策費18兆円の内6.7兆円が社会資本整備に充当され、しかもその内の1.1兆円が物流効率化に当てられていることを見ても明らかである。その認識に立って、今一度平成9年以降の経済対策の中身を精査していけば現状での各種の新規事業計画に関わる法律そのものが、この物流大綱と行動計画の延長線にあるものとして浮かび上がるはずである。90年代に入ってからの立法府における社会資本整備関連法案の成立状況を通覧しても、一つの大きな主導線の下に推進されていることが理解できると考える。

c．運輸白書に見る物流施策の変遷

「物流」という一般的な固有名詞で総合物流施策大綱の意義と目的を理解することは、行政担当者や専門家及び業界関係者の間でも難しくなっている。それは「物流大綱」で示された物流が情報と表裏一体のものであって、外資を含む巨大な複合企業群による物流拠点整備を意図しているからである。この間の事情については、拙稿の「物流拠点を中核とした広域交流圏の創造」及び「総合物流化への潮流」(1998.3.12)の中でも付言した。筆者自

身も現在，運輸省中部運輸局と全日本トラック協会の協力の下に「幹線輸送の効率化を図るため，特定された異なる2つのトラック事業者が水平的な連携のもとに共同で実施する相互乗り入れ運行に関する調査」を担当しているが，この委員会の中でも特積み事業者や荷主および担当官との話し合いの中で，この総合物流という概念についての理解領域が大きく異なっていることに気付く時が数多く存在している。

　この認識のずれをもたらしている原因としては，現業者間においては常に私企業間（ライバル）との厳しい経済競争の中での**『運送』（集荷，保管，荷役，加工，流通）効率の向上**がまず何を置いても最優先の関心事であり，行政担当者は少なくとも管轄する圏域内の体系的な『運輸』機能の構築と連動した物流効率化の実現を国の施策の一環として整備する立場を取っていることにあると考える。

　更に，『物流大綱』そのものに対して理解する者と一部のみの理解者，関心を持つ者と無関心者とに大きく分かれ，お互いの職務上の現実を表面化させる結果を招いている。それだけに筆者としては，本論文に示したような研究を重ねながら総合物流化の意図するビジョンを正確に捕捉し続けて，現実との乖離の幅を狭めているのである。

　ものの流れを最適効率化することを国が第一の施策としているという事実認識に対する温度差が3年を経た今もそのまま現実に横たわっている。それ故，ここではわが国の運輸白書の中で物流施策がどのような経緯を辿って来たのかを整理しながら，わが国の戦後50年史の流れと組み合わせながら考察していくことにする。

　戦後日本資本主義の復権を高らかに宣言したのは，有名な昭和31年に発表された**第10回年次経済報告**であった。戦後日本の起点はやはりここにあると考えるので以下にその概要を示しておく。副題は「日本経済の成長と近代化」であった。近代化という固有名詞を始めて使用したこの経済白書は高碕達之助長官の有名な声明によっても人口に膾炙されている。冒頭文を引用しておく。「戦後10年日本経済は目ざましい復興を遂げた。終戦直後のあの荒

廃した焼土のうえに立って，生産規模や国民生活がわずか10年にしてここまで回復すると予想したものは恐らく一人もあるまい。……国際収支の大幅な黒字，物価騰貴も信用膨張も伴わない経済拡大，オーバーローンの著しい改善と金利の低下，このような三拍子揃った理想的な発展は……日露戦争の戦勝に国民の意気が大いに揚がっていた明治42年と，第一次大戦の勃発によってわが国経済の一大飛躍の端緒を啓いた大正4年とにわずかにその例を求めるだけである。」

　今こうした文章を読むと，格別な思いがするのは筆者のみではないと考える。この声明の中で今後の日本の課題として，先ず中小企業の振興，遅れた地域の開発，社会保障の充実について述べ，次に国民全体にゆきわたるような成果，つまり国民生活の回復と充実，そして安全を図ってゆくために日本経済の舵を世界の水準と革新に遅れないように方向を定め，積極的に構造変革していくことを掲げている。小渕政権が行っていたことの殆どが，45年前に日本が目指した方向であることが理解されると思う。そして第1部結語部分に書かれた後藤誉之助氏の有名な文章に出会うと，一体日本の政治家は何をしていたのかと言いたくなる。

　曰く「戦後日本経済の回復の速やかさには誠に万人の意表外にでるものがあった。それは日本国民の勤勉な努力によって培われ，世界情勢の好都合な発展によって育まれた。……**もはや『戦後』ではない**。われわれは今や異なった事態に当面しようとしている。回復を通じての成長は近代化によって支えられる。そして近代化の進歩も速やかにして，かつ安定的な経済の成長によって初めて可能となるのである」(p.42)

　実際30年代に入ってからは，鉄鋼産業を始めとして自動車，家電（洗濯機，冷蔵庫，白黒テレビ），石油化学，合成繊維メーカーなどが急成長したことによって，第一次消費革命および流通革命の波を助長したのである。その結果が昭和40年代に，**高度成長期**の時代を迎えさせることになったのである。国内ではモーレツ人間が囃され，諸外国からはエコノミックアニマルと称された時代である。この直接的な契機を与えたのは，前年10月に開催された『**東京**

オリンピック』であったことは言うまでもない。こうした時代背景の中で，わが国の物流施策はその端緒に着いたのである。オリンピックと時を同じくして同月東海道新幹線が開通し，また翌年7月には**名神高速道路が全線供用**を開始したことで，わが国の物流は大きく変貌をとげることになったのである。(8)前置きが長くなったが，こうした時代背景を前提にして物流関連施策の推移を見る必要がある。先ずその概要を示しておく。

[昭和40年代]　近代化の過程にある物的流通
　物的流通の概念整理，流通センターの開発
　輸送基礎施設の整備（鉄道，道路，港湾，トラックターミナルなど）
　小口貨物の協同一貫輸送化（Intermodal Transportation）
　ターミナルの集約，大規模化，流通業務団地の限界……**複合ターミナル構想**

[昭和50年代から昭和61年度]　貨物輸送の近代化・合理化
　量的拡大から質的拡大へ，物流効率化の推進，トラック輸送の共同化
　効率的物流体系の形成……**モーダルシフト**
　幹線物流ネットワークの形成，複合貨物一貫輸送の整備

[平成2年度]　高度化，多様化する物流ニーズへの対応
　モーダルシフトの推進，製品，農産物輸入増大への対応……**総合輸入ターミナル**

[平成4年度から6年度]　貨物流通の円滑化
　積合せ輸送の推進，モーダルシフトの推進……**物流拠点の整備**

[平成7年度]　新時代に対応物流体系の構築
　効率的な物流体系整備の推進，輸入拡大に対応する国際物流の円滑化……**物流拠点の整備**

[平成8年度]　物流構造変革への対応
　経済社会状況の変化に伴う物流構想改革　高コスト構造是正・活性化のための行動計画：H7.12閣議決定。効率的な物流体系整備の推進　物

流拠点の整備，幹線物流の効率化，地域的な物流におけるトラック輸送の効率化

H8.6〔物流拠点整備のあり方について〕運輸政策審議会

［平成9年度〕　効率的な物流体系の構築

物流効率化に向けて（総合物流施策大綱の策定，H9.4.4閣議決定）

大競争時代に対応する社会資本整備（国際ハブ空港・港湾整備，鉄道貨物インフラ整備，**物流拠点整備**）

規制緩和の推進，高度情報通信社会の到来と物流分野での取り組み

［平成10年度〕　効率的な物流体系の構築

総合物流施策大綱に基づく施策の推進

物流構造改革に対応した物流拠点の整備

「物流拠点の整備を進める上での指針」総合物流施策推進会議

　以上の推移で特に際立っていることは，昭和40年代や50年代までは日本の社会資本整備そのものが先進世界と比較して遅れていたため，国の施策としても現実との隔たりを残したままの理念型（欧米諸国の事例を適応しようとするコンセプト重視型）の計画目標を立てていたのに対し，平成6年度以降は筆者が5年前から継続して論究を進めている物流拠点整備という到達点を指向した施策が，年を追う毎に本格的な物流体系の構築を進めていることである。唯既に指摘したように，筆者の経験では運輸省内でもこの拠点整備の実効性を真剣に審議し始めたのは，平成10年度以降であると考えている。その証左の一つは，依然として中央の担当官のみがこの物流大綱をどのように推進するかを常に審議し，地方の局においては上位者のみが本庁への出向会議で真意の一部を知らされるといった状況にあり，増してや地方の部課では部分知のみを有している現状にある。何故このようなことが起こるのかというと，総合物流拠点の整備事業は民間の物流事業者が行うことになっており，しかもその決定は**総理大臣**が成すからである。主務大臣が決定権を持っているわけでないところに物流大綱の意義が存在しているのである。

本来の主旨に戻る。物流拠点構想については，昭和40年代以降の石油パイプライン構想から複合ターミナル構想，そしてサテライト型拠点構想，ネットワークシティ構想といった理念型の構想から，進展が著しい高度情報通信社会の中での社会資本整備の中核をなす事業として位置付けられるようになっているのである。確かに，物流（Physical Distribution）は原義的には，商取引を前提とした供給者と需要者間の財貨を物理的に移動させるための諸活動かもしれないが，現在はこの物流こそが産業界だけでなく，世界中の人々にとっても一時たりとも欠かせない生命維持線となっているのである。個別企業による流通チャンネルの構築が不均等発展しながら各国の経済成長を促してきた時代から，情報通信の発達による瞬時の財貨移動が国際的にも可能となってきた時代へと推移している事実を前提に考えなければならないのである。科学技術の進歩は，国民の生活様式を最新技術の具備されたものへと導く文化を生み出し続けるものである。それだけに地球規模での**環境保全**と**安全対策**を前提とした事業が求められているのである。わが国の４大拠点で物流に集約される巨大な構想の下で，総合物流拠点事業は着実に整備され始めているのである。

おわりに

　総合物流施策大綱を基軸として論究を重ねているが，筆者の見る限り，現状で最も目覚しい進捗状況が確認されたのは，北部九州と神戸港であった。北部九州地区の中で下関，門司，小倉などの沿岸部は７年前とは全く様相を異にしており，物流拠点事業の推進と地域開発の相乗効果が道路網の整備と共に随所に現れていた。神戸港においても，震災以降の景気低迷の影響下にあるものの，湾岸部での空港事業の着手と連動するかのようにポートアイランドの整備・拡張事業や神戸市北部地域の交通ネットワーク推進事業の素早さに，眼を見張る思いであった。

　昭和30年代に入ってからのわが国の物流関連施策も，国際化，情報化とい

う世界的な時間競争の潮流の中で, 漸く字句通りの整備目標が達成され始めたといえるかもしれない。「豊かな生活のための港湾整備」は「効率的な物流体系の構築」と連動することによって, 初めて本格的な機動性を発揮したように思われる。勿論, 国際ハブ空港の整備や高規格道路, 鉄道貨物インフラ整備との連動によるネットワーク形成は物流拠点整備の前提となることは, 今後も変わりはない。

　国際的な市場競争原理の中で, わが国が今後どのような地政学上の位置を占めるのかを決定する総合物流拠点整備事業の推移を4大港湾地域に求め, 更に注視していきたい。

（1）　各産業分野で国際的な再編成が最も劇的に進んでいる業界は自動車産業である。日本経済新聞（1999.6.3）では,『日米欧の各国政府は, 自動車と部品の安全・環境基準の世界的な統一に乗り出す。地域ごとに異なる基準や規制の一本化を目指す世界協定に各国が参加し, そのもとでブレーキや衝突時の安全性など百項目以上の基準統一を進める』と紹介されているが, 問題はこの協定の大枠が国連欧州委員会で作成されたことである。各国の巨大産業が, こうした協定の下に, 国際的な再編を進めていることを充分認識しておかなければ現状での動向を捕捉することが難しいと考える。

（2）　約30年前になるが「日本の将来」春季号（1972年, 第一号, 潮出版社）では,「原点からの問い－戦後の日本の思想状況」という特集を組んでいた。各界の第一人者が自らの戦争体験を交えながら, 日本の歩んだ軌跡を検証している。今こうした特集を読み返すと, 現代には核となる思想が不在しているという事実が新たに浮かび上がる。司馬遼太郎が書き残した『わが国のかたち』は, 失われたものへの哀惜が随所に感じられるが, 30年前の思想対談には, 政治的人間や国家そのものの存在を認めるかという議論が数多くみられた。日本人とは, 日本という国とはといった本質的な問いかけが, 識者の共通した関心事であり, 日本の急激な発展を危惧し, そこに内在する意識変革の方向性を鋭く示唆していた。それだけに2000年を迎えた現在にあっては, 状況は30年前より悪化しているだけに, 日本の将来への危惧感は, 国民共有の意識となっていると考える。

（3）　新経済計画では, 行動計画の中に具体的な目標を定めている。物流ではコンテナ輸送に係る陸上輸送コストを一割削減, エネルギーはガソリンコストを税抜き小売価格で米欧並, 電気通信は長距離料金を米国並, 農業生産は30－40万戸の大規模農家が大半を占める構造, そして住宅建設ではコストを三分の一引き下げるとしている。その他産業再構築への支援策が示され, ベンチャービジネス企業への資金供

給の円滑化など，創造的中小企業への支援を充実するとしている。
（4）このサミットの前年の6月，わが国の情報通信業界では改正NTT法（分割再編）改正KDD法（国内通信参入）により国内外の業務分離の垣根が撤廃され，同月独禁法改正，12月には金融持株会社が解禁され，サミット後の98年3月には金融持株会社関連法，4月には外為法改正（異業種からの参入自由化，外貨預金自由化，国内ドル決済解禁）証券取引法改正（免許制から登録制）などの法律の大改正を行っているのである。その意味からして国の産業構造改革は法律という基盤形成の上で着実に進行していると考える。
（5）ここで取上げた法律は物流拠点整備に関連するものであるが，その他農業分野では99年3月には「主要食糧の需給及び価格の安定に関する法律」が改正され，輸入の自由化が促進されることになり，また99年7月の「新農業基本法」によって，農業生産法人の株式会社化が容認され（異業種の株式保有は四分の一まで）農業の持続的発展や規模拡大が推進されることになっている。また国内の空洞化対策としては，97年3月の「特定産業集積の活性化に関する臨時措置法」によって，地場産業の活性化を目指すことが決定され，その後98年1月に「工業等制限法の政令改正」によって，工場跡地利用が規制緩和され，都市経営及び社会資本整備事業の推進可能性を高めている。それだけに自治体としてもこうした法改正を正確に捕捉し，総合計画に反映していく必要がある。地方自治の時代であるといわれる所以である。
（6）省庁再編については，2000年が既存省庁の最後の年となるだけに本省内では，様々な大小合わせた調整が行われている。この中で国民的関心事となっている。そのスリム化ではなく，各省庁所轄の持株法人のゆくえ（撤廃可能性）である。法人92団体（内42法人が財投機関）公益法人7000となっている。
（7）平成10年度「運輸経済年次報告」では更に情報化への取り組みに対し物流EDI（Electronic Data Interchange：電子データ変換）の普及を推進している。荷主業界との意見調整の中で手続きの簡素化が図られ，港湾関係ではそのシステム開発に努めている。もちろんトラック運送の情報化および効率化にたいしても充分な関連予算がくまれている。空港整備に関しては「第7次空港整備五カ年計画の基本的な考え方」（中間とりまとめ）で国際ハブ空港を中心とした国際交流拠点整備を急務としている。2000年度（予測）では国際線の旅客5500万人，貨物2540千トン国内線旅客9200万人，貨物910千トンとなっている。これを2005年までにさらに全体を25％成長させるとしているのである。
（8）社会資本整備が経済社会の発展にいかに関係しているかということは改めて言及するまでもない。公共事業そのものは必要である。ただ，問題はその事業経営に対する産官カルテルが問題となっている。高速道路の延長は日本の生命線であることは，現実的には否定できない。それだけに国は環境保全型の地域は特性を生かす最新技術開発を推進しているのである。海上空港整備の基盤となるメガフロートの

急速な進展もわが国の優れた造船技術蓄積の賜物である。問題はこうした先端技術がいかに本来的な社会資本となるか，換言すれば国民期待の事業に生かされるかということである。

第6章
新総合物流施策大綱

はじめに

　2001年9月27日第153臨時国会が召集された。小泉純一郎内閣総理大臣は，「断固たる決意で改革に取り組む」として所信表明演説行った。
　構造改革の目標は以下の5つである。
　1．努力が報われ，再挑戦できる社会
　2．民間と地方の知恵が，活力と豊かさを生み出す社会
　3．人をいたわり，安全で安心に暮らせる社会
　4．美しい環境に囲まれ，快適に過ごせる社会
　5．子どもたちの夢と希望をはぐくむ社会

　この目標の設定については，従来型の政府の各省庁別の施策の延長であるが，問題はこうした一見当り前の口語的題目を選択しなければならない点にある。というのは，こうした文言には誰も反対できないからであり，また抽象化された「やさしい」呼びかけが，広く国民の老若男女全般に理解されるとするからであり，何よりも具体性を明記することの不利を知り尽くしているからである。
　国会の召集の際に繰り返されるわが国の首相の所信表明が，90年代以降，何かしら格調を欠くように思えてならない。一国の目標である以上，今少し正念場を迎えた現状を真剣に改革していくという姿勢が滲むものであってもよいのではないか。「いたわり」は労り，「子ども」は子供，「はぐくむ」は育むという漢字の使用が何故できないのか。こんな安易な便法をもってし

て, 訴えるべきものではないのではないか。わが国の国民のレベルはそんなに低くはない。

付言すれば,「真綿で包んだような耳にやさしい言葉では現実の冷たさや非情さ, そして混沌とした先の見えない状況を摘出することはより難しくなっていく」と思われる。国民に夢を与えたいのなら,「努力が報われ」という言葉よりも, 憲法の主旨に添って端的に一言「努力せよ」と言うべきである。

日本国憲法の第十二条には「この憲法が国民に保障する自由及び権利は, 国民の不断の努力によって, これを保持しなければならない。又, 国民は, これを濫用してはならないのであって, 常に公共の福祉のためにこれを利用する責任を負ふ」とある。(下線筆者)

この規定は, 衆知のごとく憲法九十七条にあるように「この憲法が日本国民に保障する基本的人権は, 人類の多年にわたる自由獲得の努力の成果であって, これらの権利は, 過去幾多の試練に堪へ, 現在及び将来の国民に対し, 侵すことのできない永久の権利として信託されたものである」。(下線筆者)

因みに九十九条には「天皇又は摂政及び国務大臣, 国会議員, 裁判官その他の公務員は, この憲法を尊重し擁護する義務を負ふ」とある。ならば一国の総理としては, この権利及び義務について先ず主権者である国民に対して, その地位故に権利を行使することを訴えるべきではないか。わが国の憲法が保障している自由及び権利は,「国民の不断の努力によってこれを保持しなければならない」とされている以上, この権利の行使を怠っていると権利は消失してしまうということも意味されているという事実を明示し, 国民と共に一致団結を試み, 現下の世界情勢の中でのわが国の置かれている「位置」と「意味」を考えるべきである。自由の行使は, 自由になることを不断に求めなくては得られないものであり, 自由になろうとする意志によって, 初めて自由であり得るのである。

17世紀以降西欧社会が市民革命と議会制民主主義の確立を目指して, 今日

まで延々と築いてきた民主主義社会への足跡には，与えられたものではなく，自ら求め獲得し，そしてそれを行使する権利の繰り返しを，自分たちの現実の生活で実践し続けていくことが，この国家の誕生を永続化させるものであることが，その根底に国民共有の思想として流れているのである。国家護持という政治的使命は，国民経済の繁栄と市民生活の安定にあることは近代社会の要諦である。その為政者としての首相の見識が一国の明暗を分けることになるという代表民主制を前提にした国家形態であるだけに，首相の言葉は重いものにならざるを得ないということを指摘しておきたい。

　構造改革への取組みの中で注目すべきところを一部摘出しておく。それは競争的な経済システムの構築を明示している点であり，具体的には「……<u>都市の魅力と国際競争力を高めるため，広域防災拠点の整備や大都市圏の物流機能の強化，ライフサイエンスの国際拠点形成，……を始めとする都市再生プロジェクトを具体化します</u>」(下線筆者) という箇所である。国の社会資本整備は，国民生活の安寧を旨とすべきものであるが，その一方で先進世界第二の経済大国となったわが国は，その整備の向う方向には，国際的な水準を充たすことが当然含まれており，港湾，空港，高規格道路，鉄道ネットワークの整備などは経済活動の主導線の地位を担うものだけに，「物流」という概念での整備を徹底していくことは的を得た方針である。もっともこうした方針が打ち出された背景には，既に「新総合物流施策大綱」が(平成13年7月6日，閣議決定) されているからである。以下，本論ではこの新大綱について考察していく。

　新大綱は言うまでもなく，平成9年4月4日に閣議決定された「総合物流施策大綱」を基に今夏，現在までの情勢変化を踏まえ新たな目標を定めたものである。

　前大綱が平成13年までにコストを含め国際的に遜色のない物流サービスを実現することを目指してまとめたものであるのに対して，今回の新大綱では平成17年 (2005) 年までとして，次の二大目標を掲げている。

Ⅰ．コストを含めて国際的に競争力のある水準の物流市場の構築
Ⅱ．環境負荷を低減させる物流体系の構築と循環型社会への貢献

Ⅰ．前「総合物流施策大綱」の概要

　90年代に入ってから，俄かに浸透し始めたアメリカの情報スーパー・ハイウェイ構想(3)のもたらした最大の影響は，情報・通信戦略の世界的規模での構築こそが21世紀の基本的課題であることを各国に迫ったことである。これによって金融・証券・通商・貿易分野をはじめとして，国際基準統一化の波が押し寄せているのである。

　文明開化の時代から今日まで，日本人は先進世界の人権意識を学び国民の悲願であった「主権在民」を自らの手にして近代国家の仲間入りを達成してきた。この間の歴史認識は，一般的には模倣文化や雑種・折衷文化などと指摘されることが通例となっているが，このような経緯があったからこそ，今日の「わが国のかたち」が存在することも評価しなければならないのである。

　筆者は前大綱の研究を『21世紀への潮流』(成文堂，2001.1)にまとめているので詳細はそれに譲り，ここでは省略するが，「物流」という経済行動の原点が日本の再生を果たすためのわが国の重要施策として注目されるようになった直接的契機は，平成7年11月29日経済審議会(首相の諮問機関，平岩外四会長)は，新しい経済計画「構造改革のための経済社会計画－活力ある経済・安心できる暮らし」(1995－2000年度)を村山富市首相(当時)に答申したことに始まる。

　戦後第13番目となったこの新経済計画では，バブル崩壊後の経済低迷を克服し活力を取り戻すための施策として規制緩和を推進すること，そして企業や生活者が自己責任で自由に活動できる経済社会への改革が急務であることを強調し，わが国の高コスト構造是正のための行動計画目標に，物流，エネルギー，流通など十分野を最重要項目として挙げていた。

わが国の経済のターニング・ポイントは，1985年9月のプラザ合意（G5・ドル高是正合意，終値1ドル200円）(4)を境に世界一の債権国へと成長したが，コスト面及び独特な業界毎の伝統の上に立つ商慣習の面において，度重なる貿易摩擦を惹き起こしてきたことは衆知の事実である。それを尻目に翌86年にはイギリスが金融自由化（ビッグバン）(5)に踏み切り，97年にはルーブル合意（G7）(6)において前年までとは逆にドル安に終止符（1ドル160円）が打たれるという状況となっていた。

こうした情勢を受けて，閣議決定された「総合物流施策大綱」の主要施策項目は，次の3つに分類されていた。

1．横断的課題への対応：
    社会資本等の整備，規制緩和の推進，物流システムの高度化
2．分野別の課題への対応：
    都市内物流，地域間物流，国際物流
3．今後の施策実施体制：
    関係省庁の連携，地域毎の連携

また，その目標は
Ⅰ．アジア太平洋地域で最も利便性が高く魅力的なサービス提供
Ⅱ．産業立地競争力の阻害要因とならない水準のコストでの物流サービスの提供
Ⅲ．物流に係わるエネルギー問題，環境問題及び交通の安全等への対応

であり，中でも**民間事業者主導に事業を推進**し，空港，港湾，高規格高速道路を一体型のネットワークで運営し，最大・最適物流を実現するために日本の4カ所の港湾（東京湾，伊勢湾，大阪湾及び北部九州の中枢国際港湾）を中核拠点としてわが国の「高コスト構造の是正」と「国際的に通用する物流拠点の創設」を実現し，更に21世紀の高度情報・通信社会に向けて"質・量・コス

ト・タイミング"共に適合できる新たな産業構造の変革と創造を意図していることである。

　ここで筆者が提唱している総合物流施策大綱に対するビジョンと概要を改めて紹介しておく。

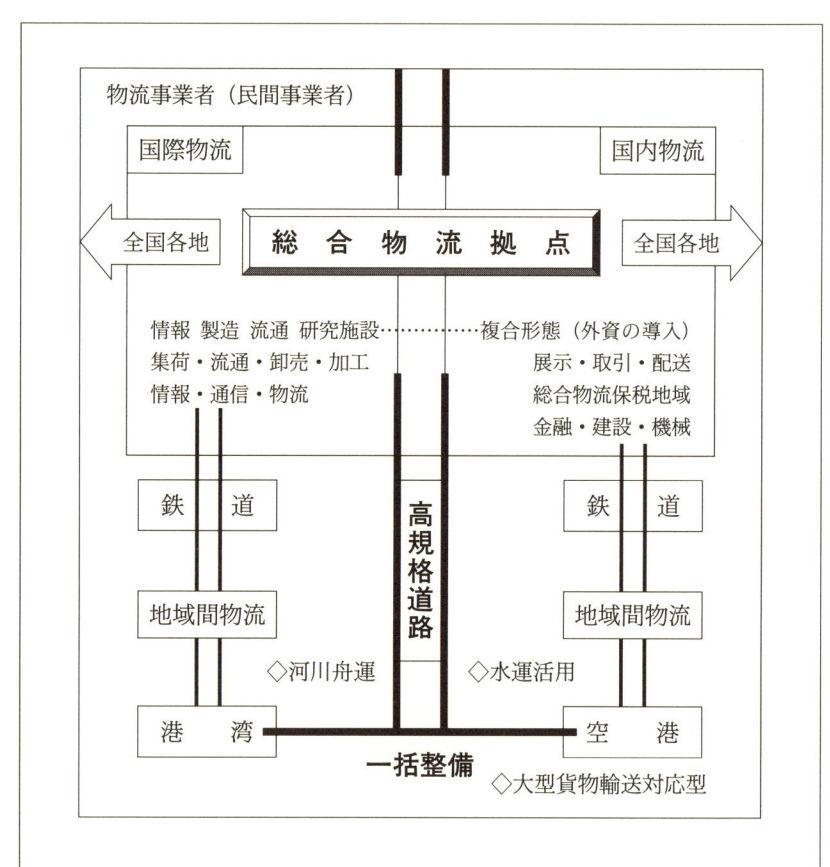

```
┌─────────────────────────────────────────────┐
│ 物流事業者（民間事業者）                        │
│  ┌──────┐                      ┌──────┐      │
│  │国際物流│                      │国内物流│    │
│  └──────┘                      └──────┘      │
│ ⇦ 全国各地   ┌総 合 物 流 拠 点┐  全国各地 ⇨  │
│              └────────────────┘              │
│   情報 製造 流通 研究施設……複合形態（外資の導入）│
│   集荷・流通・卸売・加工    展示・取引・配送    │
│   情報・通信・物流         総合物流保税地域     │
│                           金融・建設・機械     │
│                                              │
│   ┌──────┐    高         ┌──────┐            │
│   │鉄  道│    規         │鉄  道│            │
│   └──────┘    格         └──────┘            │
│                道                            │
│   ┌──────┐    路         ┌──────┐            │
│   │地域間物流│              │地域間物流│      │
│   └──────┘              └──────┘            │
│         ◇河川舟運  ◇水運活用                 │
│   ┌──────┐              ┌──────┐            │
│   │港  湾│              │空  港│            │
│   └──────┘  一括整備    └──────┘            │
│                        ◇大型貨物輸送対応型    │
└─────────────────────────────────────────────┘
```

「物流」からの経済再生ビジョン

新たな発展への開拓戦略→物流体系の根本的見直しからの発想

物流サービス機能からの経済政策

物流：輸出入，製造，保管，売買，消費，廃棄といった経済全般に関係

↓

高度化，高付加価値化 ──→ 産業競争力及びCSの強化

↓

エネルギー，環境，交通渋滞問題の解決策 ◀── 国際化・情報化時代の要請

↓

関係省庁が連携して**大綱を策定した**

高コスト構造の是正
（現状の1/3目標）

物流改革　　　国際総合物流拠点整備

産業構造の変革
（新しい経済社会の創造）

　大綱が意図している総合物流拠点を創設することが，圏域単位の広域交流を開花させ，地方行政の個性化と役割分担にも効果的な影響を及ぼすことになり，日本の潜在的な繁栄を方向付けることになり，そしてこれは同時にものの流れを最適効率化していくことで実現するのである。物流大綱の進捗状況については，平成9年8月より全国各地の推進会議において物流分野に関係する多方面からの現状と課題分析が，今日まで3回とりまとめられている。

　この推進会議では，全国を「北海道地方」「東北地方」「関東・甲信地方」「中部地方」「近畿地方」「中国地方」「四国地方」「九州地方」「沖縄地方」の9ブロックに分け，圏域単位での総合的な取り組みを進展させていくとい

う全国総合計画の基盤に沿った総合物流施策を,当該地域の特性(例えば伝統産業,自然環境,及び農業文化に至るまで)を生かしながら実現していくことが共通の課題となっていた。

また「物流大綱」では,「関係省庁連携の下,港湾,空港,道路ネットワーク,広域物流拠点,情報化等の国際交流基盤に係わる総合的な施策の伴った国際交流インフラ推進事業を平成9年度は全国13地域で推進する」(13頁)とされており,これは関係省庁,地方公共団体,物流事業者,荷主が連携して施策や取り組みを展開していくことになっている。言うまでもないが,国及び地方の関係省庁(概ね30機関)が相互連携して物流事業を推進するということは,わが国の従来型の縦割り行政からは考えられない出来事であった。

しかも物流拠点創設のための法律(時限立法を含む)を体系的に整備・成立させている事実は,一般的には看過されているが,優れて現実的であり実効性の高いものとなっているのである。

以上のように『物流大綱』(実行策)及び『行動計画』(目標)を基にした推進事業の進展には,日本の将来方向が確定されているのである。そして何よりも中央からではなく地方からの魅力ある本格的な物流・情報発信の時代が来ていることに対して,地域も十分な対策と準備を急がねばならないのである。国際物流拠点創設構想については,昭和40年代以降の石油パイプライン構想から複合ターミナル構想,そしてサテライト型拠点構想,ネットワークシティ構想といった理念型の構想から,進展が著しい高度情報通信社会の中での社会資本整備の中核をなす事業として位置付けられるようになっているのである。確かに,物流(Physical Distribution)は原義的には,商取引を前提とした供給者と需要者間の財貨を物理的に移動させるための諸活動かもしれないが,現在はこの物流こそが産業界だけでなく,世界中の人々にとっても一時たりとも欠かせない生命維持線となっているのである。

このことは,2001年9月11日に発生したニューヨーク市でのテロ事件によって,一瞬の内に生活導線が切断され,経済活動が逼塞している現状からみて説明を俟たないと考える。

II．新総合物流施策大綱

　「新大綱」を新たな研究課題としているのであるが，新大綱についての筆者の第一印象を先ず記述しておくことにする。というのは新大綱を7月に通覧し，また9月に国土交通省の担当者の解説を直接聞いた際，端的に言って前大綱より内容が撹拌されているように思えたからである。一つの大綱としての整合性の観点から見れば，前大綱の方が余程首尾一貫しており，関係法律や他の省庁との連携に向けてかなり強力な指示ベクトルを持っていたように思える。それに対して新大綱では，今年始めの省庁再編によって国土・建設・運輸という巨大省庁が一体化したことによって，その意気込みが薄れたのか，構成内容には目標達成への一貫性が希薄になっている。また第一部と第二部において書き手が異なっているとしか思えない文体の箇所が多々あり，また使用されている文言が不統一であるといった感が否めない。

　以下にその箇所を抽出して検討を試みることにするが，こうした不一致感の源泉は，何と言っても「物流」というキーワードの中に余りにも多くの課題，殊に環境への配備について付加し過ぎているからではないかと考えている。環境対策はその負荷要因となっている化学物質の使用に基づくものであるだけに，止むを得ないことと考えるが，今日世界中で工業製品に使用されている化学物質は約8万種類あると言われており，これらがどこでどのように製品化され，また使用されているかということは，追跡不能とされているのが現実である。

　それ故，余りに過度で慎重な環境対策や情報機器及び高度化した通信ソフト使用のオンパレードのような事業化を大綱に盛り込むことは，現下の状況では本来物流の持っている24時間365日搬送体制のダイナミズムを損なう方向に導く危惧が大きいと言わざるを得ない。

　新大綱では平成17年（2005年）までの期間が前提になっているとはいえ，現状での国際的な情報化の進度と新規な商取引への対応（契約書式の変更のた

めの既存の書類との整合性の確立等）及びその適合のために掛かる費用の捻出などの問題点を考慮すると，施策の立案に際しては，物流は机上論ではなく，現実の「生」の相対取引を前提にしているという現実認識をもっと研ぎ澄ます必要があると思われる。

これは2001年夏，欧州の物流関連企業及び政府機関（イギリス，ベルギー，オランダ，ドイツ，フランスの5カ国，10社の公式訪問）の視察を行なった筆者の調査の中で感じたことである。海外へ進出している日本企業の現地担当者の話では，ビジネスにおいては依然として文化の違いが最大のネックであるとのことであった。情報化の進展に対する海外の報告やレポートに示されている内容と現実の企業実態とは，物流業界においては現場に近づくほど乖離現象が見られ，仕事に対する係わり方や時間労働への参加形態は，業界によってかなりの相違が見られたのは事実である。

IT，即ち Information Technology という言葉に対して，わが国は余りにも過度な期待と思い入れがあり過ぎるような気がするのである。筆者が面談した関係者の殆どは，便利な機械・コンピュータが出来た程度で，あくまで機械と人間の仕事を仕分けしていた。考えるのは常に人間の仕事であって，機械は量的処理手段としての人間の耳であり，目であり，足であり，腕でしかない。

また環境対策は世界中の国民の協力なくしては不可能な段階に来ていることは，今日では専門化及び識者そして環境団体の共通の認識であり，もはや業者たちを加害者のように捉える時代は終わっている。何故ならば物流関連企業は，国内外の国民生活の必需品や膨大な欲求需要を充たす事業者であり，荷主たちの注文を時間との戦いの中で展開している社会生活の全体の維持にとって不可欠な事業者であるからである。実際はそれ以上に我々の日常性（食・衣・住）の連鎖の中に潜む化学物質及びその破棄・処分に見られるゴミの山や産業廃棄物の功罪をもっと真剣に問うべきなのである。

しかも，わが国の自然環境は世界的に見て，雨量が多く，寒暖の差があり，山（森林）が国土の大半を占め，自然浄化度は他国を圧しているのであ

る。毎年の台風でさえも，時折土砂崩れや洪水をもたらすものの，巨大な恵みの雨となり，河川の澱みを一掃し，沿海部の淀んだ水を浄化してしまうという巨大な効果を上げていることは見逃せない事実である。欧州や米国のように平原や牧草地が地平線の彼方にまで続くような国土はないが，まだまだ水と空気の美味さは世界でもトップクラスであることは，海外旅行経験者の共通の認識であると思われる。公害先進国という汚名を返上することは，わが国の技術水準をもって中核施策とすれば十分可能な状況にあることは疑いがない。

しかし，問題はこれ以上自然を破壊しない社会資本整備の技法や安心して使用できる商品の開発・製造を全産業レベルで推進するという前提が必要なのである。それだけに今国を挙げて環境に漸く本腰を入れて対策を講じようとしていることは十分評価されるが，情報推進動向の末梢的なことにばかり配慮すべきではないのである。

重要問題はエネルギー資源の最適利用の方向性をどのように社会全般に普及させていくかに掛かっている。一般的にEnergyは生産段階でも，転送段階でも，そして消費段階でも自然環境を汚す成分を放出する機械を使用する以上，このサイクルを替えることが出来ない経済社会の仕組みでは，実は消費段階よりも生産段階での開発研究に注力すべきである。これは丁度スーパーや百貨店・小売店等の商品の包装紙やトレイなどがゴミとなることと同じ理屈で

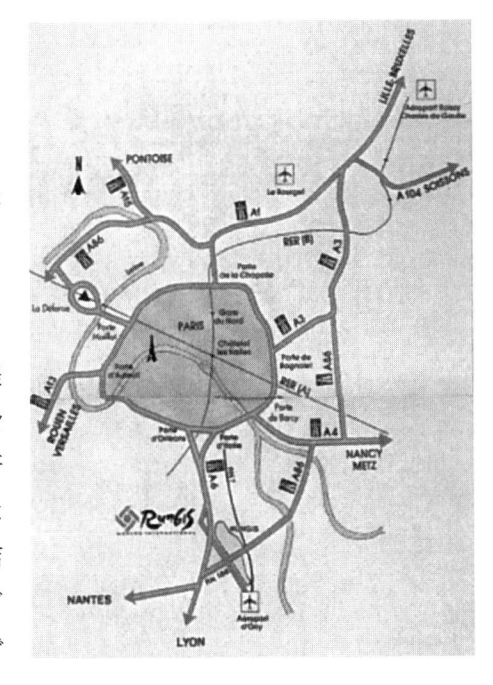

ある。やはり何事も元から見直すことが第一義すべきなのである。

その認識の上に立てば,わが国の社会資本整備と都市開発という重要課題も経済再生を全面にした構造改革の強固な理念を元にして,それを実現していくための最適な施策である「総合物流拠点推進」計画を江湖に示し,トータルな観点からの国土再活性への新物流・都市開発を支援していくことが何よりも望まれるのである。

そのためには新大綱の継承された役割と使命である物流機能に特化した中核都市拠点整備を明確にすべきなのである。特定重要港湾沿岸地域との連携[8]強化を促進し,空港と港湾,そして内陸部での巨大な物流拠点とをネットワーク化させることによって,高規格道路や鉄道網もリンクして物流効率化は飛躍的に増大することになる。それ故本来的には,物流対策としては方法論ばかりでは物流推進は画餅でしかなく,具体的に民間のみで開発が不可能である総合的な機能を発揮できる巨大な物流拠点を創設することで,運送業務に携わる人々の積極的な参加を促して行くことが急務なのである。

例えばこれについては,筆者が今夏視察して来たパリ郊外のランジス中央市場の開発が,その目標とすべき先例となると考える。

ランジス中央市場

　パリの郊外西7kmの所。ベルサイユ宮殿から,車で20分弱。面積,取扱量は世界一。市場の面積は600ha,駐車場は12,000台分ものスペースがある。年間の取扱量と品目は,野菜が136万トン,肉類が49万トン。年間売上高は,約1,24兆円で,労働人口は約18,000人。建物はいくつかに分かれており,その中7棟の建物を野菜が占めている。市場のほか食品検査・検疫所・ゴミ焼却場・病院などの施設がある。

中央市場全景

　品質は，EC共通の品質ラベルにより，赤・緑・黄の順で色によって区分されております。しかし規格は余り厳しくはなく，野菜などの大きさは自然のままで多様。交通アクセスは抜群。立地上の優位性を最大活用している。

中央市場見取り図

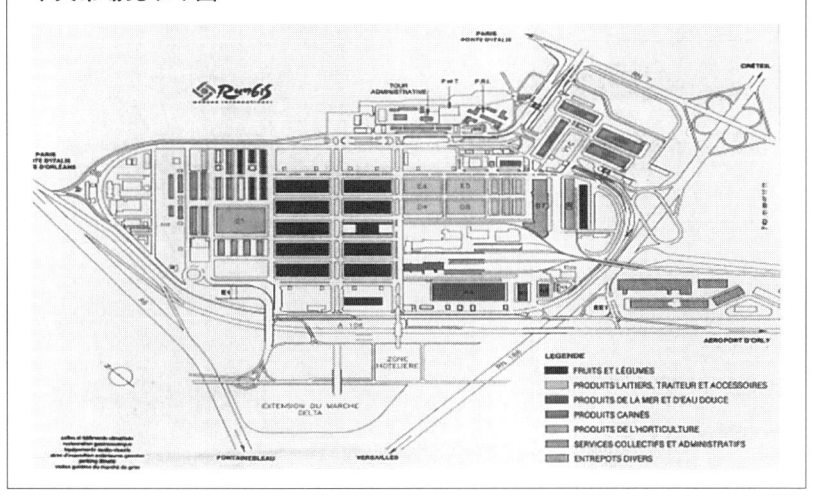

　ランジス市場の特徴の第一は，その立地の良さと規模にあると思う。花のパリと言われる国際都市から僅か7kmにあり，しかも市内へのアクセスは高速道路が整備されていて，運輸に関しては文句の付けようがない。しかも，そこで働く人々の「小気味よさ」とでも形容すべき職人意識は，昔の日本にあったものだと想起するものの，やはり全体として世界一の市場で働いているという自負と責任から出る仕事への意気込みは見習うべきである。わが国の施設には，このような自尊心に訴えるような付加価値が弱く，機能性や合理性をコンパクトに集約しただけのものが多過ぎることは否めない。

　わが国の場合は，余りにも地域性に特化し過ぎており，それがために地元の業者優先になって広域性を発揮すべき施設が地元の物産・観光の一端を担う施設として固定してしまっている。また，それがために施設の周辺地域

（市町及び県）との交通アクセスは既存の道路に頼らざるを得ず，営業拡大を意図しても新たな高規格道路やバイパスの整備を誘発出来るものではないのである。本来ならば，こうした施設建設には欧米並みに公的な側面を全面に出し，周辺住民への事前説明を徹底して地域の機能を物流中心に見直すことによって地域活性化策を検討していかなければならないのである。そうした観点の希薄さが欧米諸国と比較して，今日の都市基盤形成の優劣を生み出していると考える。

先の欧米物流視察では，古い街並みの中にまるで不夜城のように再生された現代建築の施設を数多く訪れたが，デザインやコンセプトは周囲との調和を前提にしており，全く違和感のないものに思われた。そして「ものの流れ」を中核にしていくことが，筆者の提唱している地域活性化のコンセプトとしての歴史的価値を産業化の拠点に変貌させていることを実感した次第である。自分の住まう地域の歴史や文化を継承していくことへの強烈な執念を持つ欧州各地の人々には，古い街並みを「不変のもの」として守り続けていくことが自己の存在証明となっているのである。この「郷土への徹底したこだわり」の強さこそが，ヨーロッパの魅力の源泉である。

このように考えると，わが国の物流施策の方向性には自国の自然や地域の歴史的特性，そして何よりも都市計画及び都市経営についての基本的な理念や視点を示すビジョンが欠落しているように思えてならない。全体図を先ず示すことこそが，求められているのである。地域の総合計画の委員に携わった経験から，将来ビジョンの正に図案化に到る努力が全くなされていないことに驚きを覚えたことがあるが，その努力なくしては市民のための計画・立案が，いつしか職員のため役所のための計画に終始してしまっている。これでは本末転倒となり，市民を無視したものと言わざるを得ないのである。税金を使って仕事をし，生活の糧を得ていることをもっと真剣に考えるべきなのである。目標設定を設定するということは，到達可能な約束をすることと同義でなければならない。

新大綱を検討していく。

新大綱の構成は次のようになっている。

第一部　基本的な考え方

はじめに

第1　平成9年大綱の評価と新大綱策定の必要性

　①グローバル化の進展に対応した国際競争力の更なる強化

　②環境問題の深刻化，循環型社会の構築等社会的課題への対応

　③情報通信技術の飛躍的進展への対応

　④国民ニーズへの対応と国民生活との調和

第2　施策の基本的方向性

　(1)目標と視点

　　①政府及び民間の関係

　　②国及び地方公共団体の関係

　　③公正かつ競争的な物流サービス市場の構築

　　④物流関連社会資本の重点的・効率的な整備等

　(2)施策の方向性

　　①国際競争力のある社会実現のための高度かつ全体効率的な物流システムの構築

　　　(ア)高度かつ全体効率的な物流システムの構築

　　　(イ)国際物流拠点の機能強化等

　　②社会的課題に対応した物流システムの構築

　　　(ア)地球温暖化問題への対応

　　　(イ)大気汚染等の環境問題への対応

　　　(ウ)循環型社会実現のための静脈物流システムの構築[9]

　　　(エ)事故防止等物流の安全問題への対応

　(3)今後の推進体制について

　　①国における推進体制

　　②地域における推進体制

第二部　具体的施策
(1)国際競争力のある社会実現のための高度かつ全体効率的な物流システムの構築
　①高度かつ全体効率的な物流システムの構築のための施策
　②国際物流拠点の機能強化等のための施策
(2)社会的課題に対応した物流システムの構築
　①地球温暖化問題への対応のための施策
　②大気汚染等の環境問題への対応のための施策
　③循環型社会実現のための静脈物流システムの構築のための施策
　④事故防止等物流の安全問題への対応のための施策
(3)国民生活を支える物流活動を確保するための施策

　この構成を見ると分かるように，一部と二部とは項目的には同じものである。

　第二部は第一部第2の(2)施策の方向性について具体的施策を述べているのであるが，同じ項目の下に書かれているので違和感を覚えざるを得ず，具体的施策と題して執筆されているものの，内容的には第一部第2の方が，数値目標が明確になっている箇所が目立つので，冒頭に述べたように「新大綱」の構成は前大綱に比べて，整理がされていないと考えざるを得ないのである。

　前大綱の目次を参考までに掲げておく。

総合物流施策大綱

第1　基本的な考え方
　(1)はじめに
　(2)目標と視点
第2　横断的な課題への対応

>   (1)社会資本等の整備
>   (2)規制緩和の推進
>   (3)物流システムの高度化
>   第3　分野別の課題への対応
>   (1)都市内物流
>   (2)地域間物流
>   (3)国際物流
>   第4　今後の施策実施体制
>   (1)関係省庁の連携
>   (2)地域毎の連携
>   (3)大綱のフォローアップと改定
>   （参考）総合物流施策大綱に係る努力目標について

新大綱が揚げている具体的な数値目標を示す箇所を列挙しておく。

①平成17年度までに，パレタイズ可能貨物のうちのパレタイズ比率を約9割に上昇させるとともに，標準パレットの比率を欧米並にすることを目指す。P.7
②複合一貫輸送に対応した内貿ターミナルの拠点的整備等により，陸上輸送半日往復圏の人口カバー率を21世紀初頭までに約9割まで上昇させる。P.7
③21世紀初頭までに自動車専用道路等のICから10分以内に到達可能となる主要な空港及び港湾の割合を約9割にする。P.7
④21世紀初頭までに，三大都市圏における人口集中地区の朝夕の平均走行速度を25キロメートル毎時に改善するとともに，トラック全体の積載効率を50％に引き上げることを目指す。P.7
⑤港湾荷役の効率化やサービスの向上を図ることに加え，官民両セクター

が連携して，24時間フルオープン化に向けた取組みを行なう。P.7

⑥平成17年度までに，輸入コンテナ貨物について，入港から貨物がコンテナヤードを出ることが可能となるまでに必要な時間を2日程度にすることを目指す。PP.7-8

⑦モーダルシフト化率（長距離雑貨輸送における鉄道・内航海運分担率）を向上させ，平成22（2010年）までに50％を超える水準とすることを目指す。P.8

⑧輸出入コンテナの陸上輸送費用を施設配置が平成9年大綱の策定時のまま推移した場合と比較して21世紀初頭に約3割削減することを目指す。P.13

　新大綱で数値目標としているのは，この8項目である。①から⑦までが一部の7－8頁で書かれ，⑧のみが二部の13頁に明記されている。上記で文体としての整合性が図られていないと指摘したのは，こういった記述になっているからである。単純な疑問としては，何故⑧だけが頁が飛んでいるのか。第一部と第二部に分けられている形式は前大綱とは異なり，しかも一部で目標とすべきものを何故二部の具体的施策で揚げねばならなかったのか。

　「読み物」として解釈した場合には，一貫性がないと言わざるを得ないのである。具体的な数値目標として明記するならば，一部に一括して記載しておき，二部ではその数値目標達成のための施策を展開していくのが筋道であると考える。新大綱では，一部と二部が項目だけ見れば重複しているのである。一部の項目に（……のための施策）という言葉が付加されているだけなのである。これでは読者としては混乱を招くものとなっている。何故，前大綱の継承を意図していながら，本文僅か18頁の小冊子である新大綱にこうした重複がなされることになったのか大いに疑問がある。

　前大綱（本文14頁）の方が余程すっきりしていたことは否めない。

　筆者としては第二部の記述及び内容・構成は合点がいかない。

　参考までに，本文についての筆者の疑問点を一部列挙しておく。（本文下線

筆者）

ⅰ．「我が国の物流コストはわずかではあるものの低下傾向にあり，例えば，米国と比較しても必ずしも高いと言えない水準にあり……」2頁。
ⅱ．「国内外における競争の一層の激化，物流分野における規制改革の進展等にかんがみ，民間セクターにおいては，自由で公正な競争を通じた様々な創意工夫などにより……」4頁。
ⅲ．「全国レベルでの効率的な物流ネットワークの構築・維持に向けた施策の推進，輸送機器の規制レベルの整合性の確保等については国が責任を持ってこれを行う一方，物流システムと地域社会との調和や循環型社会の構築の必要性が高まっていることにかんがみ……」5頁。
ⅳ．「活用基準原価計算（ABC）等の物流コスト把握のための有効な手段を慫慂する」11頁。
ⅵ．「航空輸出貨物についてマニフェストによる申告を認める等行政手続きの改善を進める……」11頁。
ⅶ．「商業業務地における荷物の搬入の容易化を検討する等……」18頁。

私見を述べておく。

ⅰ．下線部の米国の部分であるが，何故米国との比較なのか。他国ではいけないのか。欧州との比較でもいけないのか。またここでは単に先進諸外国とすることはできなかったのか。
ⅱ．かんがみは，何故ひらがななのか。鑑みとする方が違和感がないのではないか。またかんがみという言葉には「先例に照らして考える」（広辞苑）という意味がある。それだけに何をどのように分析・理解しているのかという共通認識を前提にしていると思うが，言葉のニュアンスの硬い割には，認識の不一致を誘起する文体であり，内容は漠

然としていると思う。
iii. 輸送機器の規制レベルの整合性の確保とは一体何か。また何故ここで国が責任を持ってこれを行うと明記しなければならないのか。大綱は閣議決定されたものであるだけに，何を附加しようと意図しているのか。またここでも，かんがみが使われており，突然の感が拭えない。
iv. ここでは見たこともないような言葉が使用されている。慫慂である。これは余り使用されない言葉であり，また「傍から誘いすすめること。慫慂黙し難く」(広辞苑)という意味で使われる言葉あるだけに，大綱上で使用するのは不適切ではないのか。意志を貫くという気概が，これでは希釈されてしまうのではないのか。
vi. マニフェスト (manifesto)，この言葉は宣言及び宣言書を意味するものである。しかし，ここでのマニフェストは manifest であり，積荷目録及明細書のことであり，特殊な業界用語である。ただ明細書による申告を認めるとした場合，この文章はどのように解釈されるのだろうか。また行政手続きの改善及び簡素化で，混乱は生じないのか。安易な手続き，しかも事後報告のようになってしまうことはないのだろうか。
vii. 容易化とは何か。「容易とはたやすいこと，やさしいこと」(広辞苑)である。容易化という使用は余り一般的ではない。ここではむしろ搬入のアクセス整備を検討するぐらいで良いのではなかったか。最終頁だけに眼がこの言葉で止まってしまうので残念な気がする。

以上，文言についてコメントしたが文章化する以上，読み応えのあるものするべきではないのか。部分知の集積は全体を構成するとはいえ，これでは起承転結のない文章となってしまい，大綱という性格からみて一貫性を欠いていると言わざるを得ない。新大綱の施策の方向性は，次の3つである。
Ⅰ. 国際競争力のある社会実現のための高度かつ全体効率的な物流システムの構築

Ⅱ．社会的課題に対応した物流システムの構築
Ⅲ．国民生活を支える物流システムの構築

　これらの方向性をどこまで徹底していくかが示されている大綱だけに，前大綱との整合性をもっと尊重すべきではなかったのか。文章表現に不適当と思われる記述があるから，全体のニュアンスが不統一になり，そのことが新大綱の緊急性をむしろ撹拌しているように思えてならないのである。それだけに前大綱が目指していた目標数値が予想よりも平均して上向いているものの，新大綱では過去五年間の実績に更に上乗せする必要があるとしている。

　標準パレット輸送に関して欧米ではその比率が5～6割であるのに対して，我が国の現状は約4割であり，空港や港湾からICに到るアクセスを10分以内にするという目標は，欧米が9割であるのに対して，我が国は空港で46％港湾で33％であり，その差は依然として大きく，物流本来の時間的管理（競争と選択）の促進という観点からすれば，殆ど進展がないというのに等しいのかもしれない。

　また三大都市圏の朝夕の平均走行速度を見ても，統計数値と現実の差異性は無視できないと思われるが，21㎞から25㎞に改善していくという方向性は評価できる。しかしこれを実現していくためには，例えば首都高速道路と一般道路との交通状況の緩和ということが前提となるはずである。また物流量の増大は当然のことながら，トラックの積載量の増加を必然的なものにし，コンテナを積載した25ｔの超大型トラックへのシフトが画策されていて，その運行のための各道路の強化を急速に高めなくてはならない。

　一つの施策の実行は，それを可能にするための事前準備や同時並行的に進捗体制を整える必要がある。全体的に我が国の高コスト構造を是正し，現状の1／3減を目指して平成9年から平成13年までの第一期が終わったことになるが，当初の目標を達成することのみにウェイトが置かれ過ぎてはいけないのであり，目標達成は「国際物流拠点」を重点的に整備することこそが，目的であることを忘れてはならないのである。

この点については，新大綱では「我が国の国際競争力の維持・向上の観点から，ボトルネックを解消し，<u>国際物流拠点の機能強化等を図る。</u>このため，中枢・中核国際港湾及び大都市圏拠点空港，高規格高速道路等の幹線道路ネットワーク並びにこれらを相互に連結するアクセス道路や関連する<u>物流施設を重点的に整備</u>するとともに，ITS等の新技術を活用した既存施設の管理運営の高質化・能力向上を推進する」(P.7，下線部筆者)としているが，前大綱では「<u>物流拠点は物流サービスの重要な結節点のひとつであり，都市内物流と地域間物流の連携の円滑化に資するほか，都市内交錯輸送の削減，様々な物流サービスの提供，物流共同化の促進，輸入の拡大等の社会的要請に対応した整備を図る</u>とともに，情報化，自動化等を通じて保管・配送，流通加工等の各種の業務を高度に処理するための<u>多様な機能を有する施設の整備</u>を推進することにより，物流の一層の効率化・高度化に寄与することが期待される。」(P.4，下線部筆者)。とあり，物流拠点のイメージとしては，新大綱の文章の方が内容的には抽象化されていることが理解されると思う。

また前大綱では，物流拠点について「……特に，船舶の大型化に伴い<u>諸外国に比して立ち遅れた大深水の国際海上コンテナターミナルを国際ハブ港湾（東京湾，伊勢湾，大阪湾及び北部九州の中枢国際港湾）</u>において早急に整備し，国際的に遜色のない施設水準を目指す」(P.11，下線部筆者)。ここでの諸外国とは一体どこを前提にしていたのか，また何故国際ハブ港湾という言葉が，新大綱から省略されたのであろうか。そして何より，東京湾を始めとする4大拠点の名前が何故削除されているのかという疑問が浮上する。筆者としては前大綱が世に出てから，これら4大拠点すべてを視察して関係者たちの話を聴きながら，その推移を確かめていただけに疑問が深まっているのである。

輸出入の増大に適合していくためには，前大綱の明記したようにこれらの4大拠点を整備し，周辺エリアとのネットワーク化を促進していく以外に，わが国では他に方策は皆無であることは，現実の海運事業者間や物流関連企業では常識である。新大綱が2007年までの継続性を保証するならば，これらの4大港湾に対する継承性も当然明記しておくべきではなかったのか。何故

ならば，前大綱では，その重要性について「さらに，東京，横浜，名古屋，大阪，神戸，関門の主要港について日曜荷役の安定的確保等国際水準の稼動の実現に向け，関係者の取組みを促す」(P.12，下線部筆者)と重ねて明記していたからである。

具体的施策は当然において，わが国の社会資本の整備・充実にあったはずであり，それならば尚の事，具体的地域の特定を外しては実効性の乏しいものとなることは自明である。前大綱では「国際交流の促進や地域活性化のための地域の取組みを支援するため，関係省丁連携の下，港湾，空港，道路ネットワーク，広域交流拠点，情報化等の国際交流基盤に係る総合的な施策の伴った国際インフラ推進事業を平成9年度は全国13地域で推進する。また増加する輸入物流を中心とした国際物流に対応しつつ交錯輸送を削減するよう，港湾及び空港周辺の物流拠点の立地を促す。具体的には，国際空港周辺，中枢・中核国際港湾及び輸入促進地域（FAZ）などにおいて，総合輸入ターミナルの整備をはじめとする物流拠点の整備を進める」(P.13，下線部筆者)。このように地域名及び地域を指定していた前大綱に対して，新大綱ではこれを省略しているのである。

しかしながら，わが国の港湾における現状を見れば，表日本側の特定重要港湾の外国貿易（輸出入）量の比率は群を抜いているだけに，これらを中核として終戦直後に石炭合理化で腕を振るった経済学者有沢広巳氏の提唱による経済復興策として採用された「傾斜生産方式」[11]のような重点施策を推進していく以外に，国際的に遜色のない物流サービスを提供していくことは出来ないのではないか。

わが国の現下の経済低迷状況を打破するために，構造改革が小泉政権下で推進されているが，世界的な企業の戦略及びその理念となっているのは，「競争」と「選択」であり，それならば尚更に「特化」した施策を特定地域で実施することが，具体策となるはずである。具体とは眼に見えるものである。

現状は戦後まもなくの状況とは隔世の感があることは事実であるが，見事

に量的世界での発展を遂げたわが国の戦後経済成長も、世紀の転換期を迎えて質的な大転換を余儀なくされてきていることは衆知の事実であり、経済戦争という暗黙の競争の下で、今や世界を席巻する経済システムが根底から新たなアメリカン・システムへと移行し始め、情報・通信分野からの既存の産業構造が適・不適の指標の中で再構築されているのである。それだけに全産業を挙げての取組みを指導していくための施策を前大綱は目指していたのではなかったのか。

　最早、指針や方向性の提示だけでは、わが国のこの現実は変えられないのである。

　2001年の夏筆者が行った欧州物流視察で彼我の対比を痛切に意識したのは、実は眼前の施設や機関の形態や規模の差異性以上に、港湾や空港周辺地域に対する担当者たちの社会貢献意識の強さであった。

　例えば「何故、国が或いは州がこの港湾開発にこれこれ……の支援をしているのか。また我々はこれを実行していくことによって、これこれの責任はあるが、この計画そのものは我々に任されています。またこの計画が完成すると我々の予測値をクリアーしていくので、その後の計画予算は、当初予定より軽減されるので、その分を施設のリニューアル費用に廻すことが可能となり、地域・住民にもっと開放された魅力あるものを提供していけると思います」などの発言が、数多くの視察先であったからである。

　現場の担当責任者が、こうした発言を自信をもって語れるということに行政組織のあり方の違いを意識したのである。欧州では経営責任の第一は、異口同音に地域住民の利便性向上であり、生活の質的向上であった。わが国の施策遂行に際して、現場担当者が暗に或いは直接に「上が決めたことをやっているだけ」という発言があり、説明の雄弁さに比して、迫力の無さは格段の差がある。

　しかしながら、こうした旧慣習や行政の伝統に執着していては、この現実は改善できるものではないことは十二分に感じているはずである。また国民もこうした姿勢と熱意を期待しているのである。当面の施策の目的や理念は

できる限り開示し，地域住民の関心を高めて協同体制を築き上げることを意図した事業計画を心掛け，専門家や関係者だけの事業にしてしまってはいけないのである。況してや国の事業であるという強引な姿勢は回避すべき第一のものである。

民間資本利用促進を旨とするPFI法[12]を活用していくためには，こうした背後の地域住民の地域活性化への参加意識を助長しておくことが必要なのである。

個人意識があらゆる生活分野で広範に浸透している現状を鑑みれば，税金を使用しての事業が国営事業であり，それ以上でも以下でもないのである。パブリック・サーバントが公務員であり，選ばれたエリートという風潮は，過去において歴史的な役割を果たしたことは認められるが，現在ではその風潮の打破こそが急務であり，しかもその先鋒が公務員自らでなければならないのである。

欧米の公務員の持つ職域での権限は，わが国の高官たちよりは小さいと思うが，一般の中間管理者たちの職務権限に関しては，トップ並の自負があるように思われた。組織内での責任の連鎖の束縛から分離・独立した職務権限

の遂行形態は，欧米の企業や公的機関の担当者の資質によって補完されており，いわゆる「仕事」と「プライベート」時間の使い分けの徹底振りこそが，欧米の企業文化の成果であることを抜きにして論議すべきではないが，この点がわが国の戦後からの欧米文化の吸収過程の中で，当初から「異文化」（異質で適合不能な慣習）として軽視されてきたことを認める必要がある。職務階層性の高低は欧米においては，目に見える権限が付与されているからである。（前頁の絵はカレー側のユーロトンネルの構想図である）

それにしても，先ず個人の人格尊重があり，社会との関わり方や楽しみ方の総体を組織内のすべての人々が認知しているという安心感が，私企業や公的機関全般に及んでいることこそが，組織人間のパートナーシップを形成してビジネスを運営する源泉となっており，更にその国の文化の中核に厳然としてあるという自覚が，地域や国に対する愛着の源泉を高めていると思われる。明治維新政府の建国以来，欧米近代化政策の吸収・適合過程で見られた「日本化」及び「日本的制度化」へのは，130数年後の今日から見ても「未だ遠し」と言わざるを得ない。

III. 新物流大綱の波及性

ここでは新大綱の具体的施策に視点を絞って考察していくことにする。前章で私論を展開したのであるが，一般にわが国政府が行う「閣議決定」の重要性認識が非常に乏しいように思える。これは国民レベルではなく，行政や関係企業間での触感から想起されたものである。関係機関及び企業の担当者に会い，「物流大綱」との関りの度合い，より具体的に言えば「大綱を検討しているか」との問いかけに対して，明快な返答を得たことはないのである。これは，平成9年4月4日に閣議決定された前総合物流施策大綱が世に出て以来，今日まで全く変化が見られないのである。

勿論，国土交通省として一本化した中で本省や地方の機関での直接担当者は一応の理解力を示すのであるが，例えばこの度の新大綱と前大綱との比較

検討に話が及ぶと，その整合性は不確かなものとなる。現行の施策の中での自分の担当箇所，それも数十に細分化されたものだけを担当させられている関係から，止むを得ないものと考えるが，それにしても僅か18頁の本文でしかない大綱の流れや，その目的とする理念や施策についてもっと熟知しておいても良いのではないか。これでは全くわが国の憲法解釈と同様で，個別の項目のみが突出し，全体像が抽象化され，また全体の一部であったものが，いつしか全体を左右するものとして浮上してしまっており，これでは本末転倒と言う他はない。筆者としては，内閣総理大臣が主宰し，内閣がその職権を行うために開かれた会議での「閣議決定」であることの重みと価値が正当に評価されていないのが，総合物流施策大綱を研究し始めてから今日まで，いつしか最大の関心事となって来ている。

しかしながら，この現実はわが国の国民にとって恐い現実なのである。以下に新大綱の中から要点を摘出して詳細に論究していく。

新大綱で際立った点は，前大綱でも取り上げられていた課題でもあったものを大項目として第二部で記述していることである。即ち，地球温暖化と大気汚染，そして**循環型社会実現**である。筆者としては物流大綱が世に出た当初から環境対策も当然視した所論を発表していたのであるが，改めて今回の新大綱で正面から取り上げられるようになったことは，環境問題が世界中で如何に焦眉の急と化した課題になって来ているかの明確な証左であると考えている。

21世紀を構築するに際して，わが国が持続的発展を続けるための最大の関門は，実はわが国の最大の強みであり，戦後から延々と進化させてきた大量生産・大量消費型の経済システムから循環型経済システムに如何に移行させるかに掛かっているのである。(13)

つまり大量生産及び消費は，最終過程において大量の廃棄物（ゴミ）を増大させ，今やその廃棄物が有害化学物質を生み出して環境を悪化させているのである。

わが国の廃棄物は現時点では，年間約4.5億トンと言われ，処分場の残余

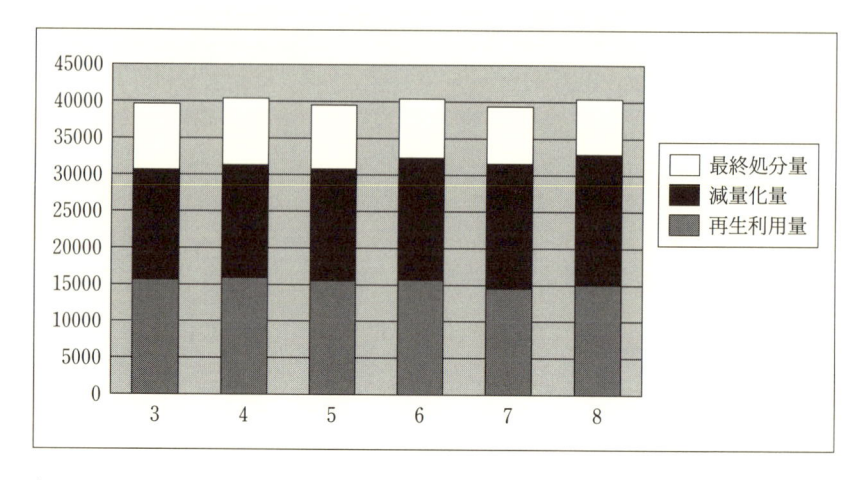

年数は一般廃棄物で約8.5年，産業廃棄物は約3年とされているが，現実はこの数値はまだまだ増加傾向にある。それだけにこうした廃棄物をどのように処理していくか，また減少させていくかが21世紀計画の根底に横たわって来ているのである。そこで全国のあらゆる地方行政にとって「目の上の瘤」となっているゴミ及び廃棄物処理を従来のような人目を避けた「川下処理」ではなく，21世紀の新産業として取り組むことが重要となっている。

　生活ゴミ一つをみても，年々増大傾向にあり，ショッピングでの購買に際してはあらゆる商品が包装（ラップ）されており，これが使用時にゴミとなる。紙と化石燃料から作り出された付加価値商品が過剰な市場を生み出してしまった以上，これらの産業に従事する人々の生活問題となっている関係から，現状を打開する方策は，それほど簡単な問題ではなくなっているのである。

　資本主義社会の特徴はあらゆる生産物が商品として流通するという特性を保持していることであるが，これが今日の先進諸国では商品の量的輸送・保管・安全上の問題解決手段として，消費者の趣向に合った商品生産を不断に追及し，需要を喚起して新商品づくりを展開している。そのためのパッケージ生産が巨大な産業に成長してしまったのは当然の趨勢である。

　しかしながら，無数に分散している商品が，ゴミや廃棄物として最終的に

一箇所に集中されるようになって始めて，その巨大さに驚いている有様は資本主義社会の正に「負の遺産」となって現出しているといえる。そして何より，このゴミ及び廃棄物の処理場建設には，環境破壊物質を生み出す元凶として地域

住民が反対しており，しかも処理場建設費用は数百億円を必要とするものだけに，行政としては二律背反の狭間にあるのである。必要不可欠で緊急性を伴うことは自明のことであるものの，現実は財政面や市民参加・協力体制の不備によって，広域的な対策が遅滞しているのである。

そうした中で政府は「再生資源利用促進法」[14]を漸く平成3年に成立させ，製造工程からの再資源の利用促進を定めているが，今日までの10年間を概観する限りゴミ分別収集の生活習慣は各地で浸透してきているが，環境問題そのものへの関心度からすれば，まだ全国的な運動にまで進展しているようには思えない。根源的な問題解決以外に方策がないところまで来ているという認識が国民の間にまで徹底していないことには，新産業として定着していくことは難しく，地域経済の発展に寄与することも困難と言わざるを得ない。

とはいえ，世界的課題となった地球環境問題への対処は，わが国が他の先進諸国に先駆けて達成しなくてはならない。日本はそれが可能な国なのである。国土の四方を海に囲まれ，雨も多く山々の緑が全体の7割を占める日本の恵まれた環境は，他国にはない自然の宝庫であるからである。

次頁の図は「再生資源利用促進法」の概要である。これを基にして新たに循環型社会の構築を目指して，2000年6月に制定されたのが「資源有効利用促進法」[15]であり，2001年4月1日から施行されている。今年3月16日に閣議決定された政令の正式名称は「再生資源の利用の促進に関する法律施行令の一部を改正する政令」である。これにより「容器包装リサイクル法」[16]（95年に成立，97年に一部施行，2000年に全面施行）の改正第三十六条二項の「容器包装を用いる事業者及び容器包装の製造，加工または販売の事業を行う者は，資源の有効な利用の促進に関する法律」によって各種包材の再商品化を促進するための措置を講ずることが義務付けられることになったのである。

再生資源利用促進法の概要

基本方針
主務大臣が，再生資源の利用の総合的推進を図るための方針を策定・公表する

関係者の責務

事業者
- 再生資源を利用する
- 使用後の物品を再生資源として利用できるようにする
- 副産物を再生資源として利用できるようにする

消費者
- 再生資源の利用を促進する
- 国・地方公共団体および事業者の実施する措置に協力する

国・地方公共団体
- 資金の確保などの措置を行う
- リサイクルに必要な科学技術の振興を図る
- リサイクルに対する国民の理解を深める

事業者に対する個別の措置

「特定業種」を政令で指定する

特定業種とは
再生資源を利用することが技術的・経済的に可能と判断された業種

- 紙製造業（古紙）
- ガラス容器製造業（カレット）
- 建設業（土砂，コンクリート塊など）

「第一種指定製品」を政令で指定する

第一種指定製品とは
製造，販売を行う事業者が，使用後にリサイクル可能なように製造や材質を工夫しなければならない製品

- 自動車，エアコン，テレビ，電気冷蔵庫など

「第二種指定製品」を政令で指定する

第二種指定製品とは
他の商品と分別して回収可能なように材質を表示しなければならない製品

- 飲料・酒類が入ったスチール製，アルミ製の缶やPETボトル
- 密閉形アルカリ電池（ニカド電池）

「指定副産物」を政令で指定する

指定副産物とは
事業活動から発生する副産物（廃棄物）で再生資源として利用可能なもの

- 高炉による製鉄業のスラグなど

現行法（再生資源利用促進法）とその整備法（資源有効利用促進法）によって，より「第二種表示製品」とされていたものが，具体的に「指定表示製品」となる包材には識別マークを表示しなければならなくなったのである。

　これはEUなどで採用されて普及している〔エコ・マーク〕と同様であり，わが国も資源の再利用（リサイクル）という分野で国際的な動向と歩調を合わすことになったのである。

　国際水準への適合はあらゆる分野で進んでいるのである。資源問題は生活資源の殆どを輸入に頼っているわが国にとって，死活の問題となっているだけに全国民的な運動へと展開していく以外に方策はないのである。

　しかしながら，ここでの問題点は，再生資源利用促進法が1991年に成立してから10年が経過してやっと，国際的な趨勢に追いついたという点である。筆者が論究している総合物流施策大綱も5年を経過して「新総合物流施策大綱」として，より具体的な数値目標達成を前提に整備されてきたと考えたい。ここで紹介している法律も実は，物流拠点整備の中で主要な位置を占めるものであることを明記しておきたい。詳細は『21世紀への潮流』（2001.1，成文堂）でまとめているので，それを参照されたい

　〔再生資源利用促進法は，資源の有効活用を図るとともに，廃棄物の発生の抑制及び環境の保全を図るために，平成3年に制定されました。主に企業におけるリサイクルの促進を目的としており，企業に対してその製品の設計段階から再生利用を考えて製品づくりを促すとともに，製造工程での再生資源の利用促進について定められています。〕

　循環型経済システムの目的は，端的に言えば環境と経済・活動の統合であ

る。環境産業の市場規模は現状では15兆円とされているが，2010年には約37兆円と予測されているだけに，巨大な成長産業として政府は産業構造改革の中での新たな基幹産業として位置付けているのである。

　新大綱では，この「循環型社会実現のための静脈物流システムの構築のための施策」として第二部での具体的施策の項目の中で次のように記述している。「<u>生産拠点の状況，リサイクル関連拠点の配置計画，当該拠点間における輸送等の実態把握に努めるとともに，鉄道・海運の活用を含めて効率的な静脈物流システムについての検討を行い，その具体化を図る。また，広域リサイクル施設等の立地に対応した港湾施設等の整備，静脈物流の円滑化に資する廃棄物海面処分場の整備等，所要の施設整備を推進する</u>。さらに，リサイクルのための共同事業の推進と競争政策の在り方に関するガイドラインの検討を進める」(17頁，下線部筆者)。

　上記のように物流分野において如何に大きな課題となっているかが窺えると思う。この点に関して，新大綱の文章を引用しておく。

　「<u>物流の利便性，効率性の向上，環境負荷の少ない物流体系の構築等に資するため，各輸送モードの効率化と相互の乗り継ぎ利用の円滑化に資する社会資本の整備に積極的に取り組む必要がある</u>。この場合，<u>我が国財政の置かれた厳しい現況を踏まえて，徹底した費用対効果の検討を通じた重点化・効率化を図るとともに，新技術の導入，運営方式の改善等による既存施設の高度かつ効率的な利用を進めること</u>が重要である。」(5頁，下線部筆者)。

　昨今あらゆる場所で聞くようになった「費用対効果」[17]という言葉が，やっと政府の施策に全面的に反映するようになっている。このことの意義は大きいのである。本来，予算の獲得に対して最大限の画策を試みる官僚集団も予算が実行されると，年度内に不足が発生しても新たな追加要求（予算折衝）を行うことで処理されていた国の予算運用に，民間並みの経営感覚が導入されたことを意味しているからである。

　かつて本省での課長級以上のポストにある官僚たちには，年度毎の自省の

予算獲得だけが最大の関心事であり，またそれが職掌の見せ所であり，主務になっていたと言われていた。省庁別の壁の大きさを十分に知り尽くした上での，年度予算の獲得実績が本人の評価となって表れていたからである。しかしながら，構造改革を国が標榜するようになってから，この閉鎖的慣習にもメスが入ることになり，国費という税金の集合体の使用に関して，民間並みの費用対効果，つまり必要な社会資本整備に対する適正さや効果が評価の第一の対象となり，財政の運用に際しての無駄を一掃する方向性が示されてきたのである。規制緩和の影響は，業界だけでなく行政内部にも正念場を迎えさせているのである。

新大綱は，このようにわが国の産業構造全体を変革する内容を有しているのである。その認識の上に立って考察を重ねない限り，この大綱に包含されている壮大な計画を捕捉することは出来ないと考えている。想起すべきことは，前大綱が関係省庁の連携の下に遂行されたことである。すべての省庁の担当者が相互に窓口となって取り組んでスタートしたことである。この意義を見落としては，新大綱の中身が何故このように広範囲の課題を網羅しているかを理解することは出来ないのである。

施策の継承性ということの意味も熟慮を要する事柄である。というのも，物流を中核とした産業構造変革のための一貫した事業であるだけに社会資本整備事業としての特性が［運輸・交通・情報］面からの視点で新たに都市計画を推進すること，及び広域的な物流・産業ネットワーク形成を展開していくことが目的とされているからである。

新大綱の具体的施策推進の成否がわが国の21世紀を決定するといっても過言ではないのである。情報・通信分野の最先端の技術を逸早く導入し，また貨物輸送手段（船，飛行機，コンテナ，トラック等）の大型化と効率化向上を実践しているのが物流業界であるからであり，また物流なくしては一切の社会生活が不可能となっているからである。物流効率化の促進こそが，わが国の積年の経済成長が内包していた［高コスト構造］を抜本的に改善する最良の手段であることは，施策そのものの戦略的有効性が問われている現在におい

て当然の帰結であると考える。

　循環型社会の構築というベクトルが社会形成の根幹に据えられてきたことは，20世紀科学技術の一つの終焉であり，同時にその成果の上に成立していた経済発展及び経済システムに対して，その方向を大転換させたことを意味する。20世紀の総括に対して幾多の分析がなされているが，20世紀は世界史的に見て，根源的には「貧困からの脱却の世紀」であったと思っている。自給自足型の封建社会が世界の大半を占める中から，機械的大規模生産による大量生産方式を樹立した英米の先進欧米諸国に導かれるように，近代化という標語の下に伝統的な燃料であった［石炭や木炭］に替わる［ガス及び電気］によって社会生活を底辺から一変していき，政治の面では身分制社会を議会制民主主義の下に置き換えて来たことは，二度の世界大戦で世界的な再構築という人類史的な負の経験を強いられたものの，結果的には封建制社会からの完全な脱却を為したと言える。勿論，民族紛争や宗教戦争といった根深い問題の解決は依然として混沌としているが，情報・通信分野での進展はラジオ・テレビ・映画などによって世界の動向を瞬時に伝え，そして90年代に入って一挙にインターネットによる情報の交換や共有が各国別の国民を世界市民として同列に置くことを実現させているのである。

　科学技術の進展によって生活手段が急速に増え，［徒歩］が前提であった地域社会でも鉄道や自動車の普及によって，社会・生活は一転して旧社会的慣習さえも新しい欧米文化の下に席巻され，先進工業国へ邁進していったというのが，わが国の開国以来の明確な方向であった。しかしながら，20世紀の経済発展が自然というものを軽視してきたことは紛れもない事実である。都市開発において市街化区域を近代的ビル群に変貌させた背景には，人口集中がそれを加速したこともあって都心部では河川や田畑を次々に埋めたて，住宅や団地の造成を繰り返し，景観を一変させて来たことは衆知の認める現象風景である。化石燃料の消費の増加が生活水準を引き上げるようになり，この延長線上以外には現実は考えられなくなっているが，水と空気という物質の汚濁が生態系を狂わせるようになってしまっては，この方向を軌道修し

なければならないのは理の当然である。
　その軌道修正を計ると共に新産業を創造していくものが，国際総合物流拠点整備事業であると考えている。21世紀を迎えて，世界は今，自然への回帰を本格的に迫られているのである。

(1)　封建的な政治・社会体制に反対して，近代的な資本主義社会への道を開くことになった大きな政治的変革。17世紀イギリスの清教徒革命，18世紀のアメリカ独立やフランス革命など。絶対王政下の封建社会が崩壊を始めた頃，その時代の中で資本主義とこれを担う市民階級が勢力を増していたことによって，これらの市民階級が中核的な役割を形成することになり，これが革命の原動力となった。革命の結果，新政府によって議会による政治や，法の下における国民の自由と平等の原則等が制度化され，旧体制を脱皮した近代的な市民社会が誕生したのである。

(2)　河川局は「近年，都市部において頻発している水害，土砂災害，高潮等海岸災害により激甚な被害を受けた地域や床上浸水が頻発している地域等を対象に，同規模の災害を再び発生させないための対策を重点的に実施する。併せて，都市型水害に対する抜本的治水対策，緊急渇水対策，土砂災害による主要道路の遮断等を防止する対策を緊急的に実施するとともに，下水道整備等との連携による雨水排水対策を総合的に実施し，災害に強い都市の構築を推進する」として，平成14年度の関係予算では，広域防災拠点の整備に，事業費5,511億円，国費3,455億円を計上している。

(3)　米国の前ブッシュ政権時代に，当時上院議員だったゴア前副大統領が提唱した「電子政府構想」の1つである。情報スーパーハイウェイ構想とは，米国全土を覆う高速かつ双方向の通信ネットワークの整備により，ネットワーク上での質の高い情報サービス（マルチメディアサービス，精密／プライバシーサービス，公的サービスなど）および，実用的なアプリケーション（電子商取引，設計／製造，教育，医療，危機管理，政策意思決定などを対象）の実施を実現させるものである。

　　1993年に，これを当時のクリントン政権の経済と技術戦略の大きな柱として「全米情報基盤（NII）構想」とし，さらに拡充されたものが1994年の「世界情報インフラ構想（GII）」となり，1995年には「G7国際共同プロジェクト」の中に政府オンライン（電子政府）が盛り込まれた。

(4)　ニューヨークのセントラルパークの側にあるプラザ・ホテルで開催された5カ国蔵相会議で，米国の貿易赤字，日本と西ドイツ（当時）の貿易黒字を解消するためにドル安誘導について5カ国が合意した。しかし，その後1986年になって，日本は急激な円高に見舞われて不況に転じた。それがいわゆる「円高不況」となったのである。

(5)　80年代のロンドン市場は世界の金融システムがイギリスからアメリカに移って

いたことと，日本の経済成長，つまり円の力が国際的に強くなったことなどが影響して，ロンドン市場は世界の金融市場としての地位を次第に失っていた。それを「ビッグバン」政策という大幅な規制緩和政策の下に金融市場を建て直し，再びロンドン市場を世界の金融センターとしての地位にまで回復させた大改革のことである。

具体的に言うと，証券売買の手数料の自由化，株式市場の減税，証券取引所の会員制度の自由化などの大幅な規制緩和で，ロンドン市場は19世紀のパックス・ブリタニカの時代のように国際金融市場に再度往年の盛況を取り戻した。

(6) プラザ合意の効果が大きかったため，円相場はこの後，急激に上昇し，円高不況が発生した。このため，ドル安の行き過ぎが新たな問題となり，今度はパリのルーブル宮殿でG7が開かれ，為替水準の安定を謳ったルーブル合意が成立したが，巨大な潮流と化していた円高は止まらなかった。プラザ合意以降，日本は金融緩和に動き出し，これがバブル経済につながった。

(7) 国際化の進展に伴い，交通インフラ整備においても国際連携，国際競争を前提とした水準を確保することが必要となっている。その対応として，この事業の目的は，建設省と運輸省が連携し，国際交流の促進や広域的な連携，地域の活性化のための地域の取り組みを支援するため，国際港湾・空港，高規格幹線道路等の道路ネットワーク，広域物流拠点，情報通信インフラ（情報BOX等）などのインフラを重点的に整備するものである。

(8) 重要港湾（国際または国内海上輸送網として指定された港湾）のうち国際海上輸送網の拠点として特に重要な港湾であり政令で定めるものをいう。

(9) 国土交通省は2001年9月18日，大都市圏などを中心にゴミのない都市を実現させるため，環境負荷軽減の静脈物流システムの構築を図った。

まず海上輸送による広域的なネットワーク形成と，臨海部でのリサイクル施設の立地を核とした湾岸における諸施設の形成により静脈物流システムの基礎を構築。トラック輸送の効率化や低公害化，鉄道・海運の活用などと併せて静脈ネットワークのインフラを整備することにより，本格的なゴミゼロ型都市を目指す。

推進に当たっては首都圏の静脈物流のシミュレーションや実証実験に連携して取り組むため，港湾を所轄する各自治体など関係者に広く呼びかけると共に，リサイクル関係者が必要とするデータを提供するための情報システムの試行なども手掛ける。

(10) 最先端の情報通信技術を用いて人と道路と車両とを情報でネットワークすることにより，交通事故，渋滞などといった道路交通問題の解決を目的に構築する新しい交通システムのことである。ITSは，ナビゲーションの高度化，自動料金収受システム，安全運転の支援などの9つの開発分野から構成されている。マルチメディア事業の中で有望性の高い事業と評価されており，その効果は全体で50兆円（VERTIS試算）と試算されている。

(11) 生産停滞を打開するための経済政策で，石炭・鉄鋼を中心とする基幹産業に資材・資金を重点的に投入し，生産再開の糸口にしようとしたものである。
(12) 正式には「民間資金等の活用による公共施設等の整備促進に関する法律」と言う。PFI の英文名は，Private Finance Initiative のことで，英国では1980年代に導入された。いわゆる「小さな政府」を目指して公共事業や公共サービスの見直しが進められた結果のものである。日本では，平成11年7月に国会で成立し九月に施行された。この法律を一言で言えば，従来，公共部門自身が実施してきた社会資本の整備や運営を民間事業者の資本や経営ノウハウを導入することよって，効率的・効果的に整備・運営することを目的としている。

　対象となるものは，道路・鉄道・港湾・下水道・公園など公共施設をはじめ，庁舎・公営住宅・教育文化施設・医療施設・福祉施設・駐車場のほか，われわれに関係ある廃棄物処理施設と多岐にわたっている。ちなみに英国では，刑務所も運営している。ところで民間事業者は，収益をあげて運営をするが，形態には施設利用者からの料金徴収型，公共・民間との一体整備型，民間が施設の建設運営をし，公共が使用料を払うサービス購入型など種々なものがある。尚，PFI については拙著『21世紀への潮流』（成文堂，2001）の第5章「都市開発と社会資本整備」において，中部地区（中部5県）の行政への調査アンケートの結果を交えて詳細に論じているので参照されたい。

(13) 循環型経済システムの基本理念は，「国民のライフスタイル転換」及び「受益者負担原則の徹底」，「製造者責任の明確化」，「廃棄物量・環境負荷・処理コスト最小化」を基本とし，環境・経済のベストミックス社会（eco-society）を目指すことである。循環的に再生可能な環境が地球規模で達成できるよう，国内の生産・消費・廃棄」の各段階で環境負荷を低減するという方向性が大切である。
(14) 略称，リサイクル法。再生資源の利用を促進するため，特定業種（再生資源の利用を促進すべき業種），第一種指定製品（廃棄後に再生資源として利用することを促進すべき製品），第二種指定製品（分別回収のための表示をすべき製品），指定副産物（再生資源として利用することを促進すべき副産物）を指定する法律。
(15) 正式名称は「資源の有効な利用の促進に関する法律」。再生資源利用促進法が第147国会で改正されて成立。企業が回収した製品などを再利用するリサイクル（recycle）対策強化と，廃棄物の発生を抑制するリデュース（reduce），製品や部品などを再使用するリユース（reuse）の「3R」を新たに導入。使用後の廃棄量が多い製品について，省資源・長寿命化の設計・製造，修理体制の充実などを事業者に義務づけ，部品等の再使用が容易な製品設計・製造，使用済み製品から取り出した部品の再使用なども定めている。
また，スラグ，汚泥等を削減するため，事業者が副産物の利用を促進し，計画的にリサイクルを行なうよう義務づけた。
(16) 今まで捨てていたものを回収し，再び資源として有効利用していこうとするも

のである。一般廃棄物全体に占める容器包装廃棄物の容積割合は55.5%（平成9年厚生省調べ）となっており，これら廃棄物の削減を推進していくことは大変有効なことである。

(17) 費用対効果とは，ここではリスクを未然に防ぐことに必要なコストと，当該リスクによる被害の大きさの比較検討のことである。仮にコストが被害よりも大きいと考えられる場合は，リスクを甘受した方が良いということになる。

第7章
トップ・マネジメントと商法改正
－忍び寄る法社会への胎動－

はじめに

　わが国の経済構造及び産業・企業社会の鉄則は長らく会社・法人だけが常に評価の対象となり，そこで働く人々は「会社」の発展のための資源として，すなわち労働力を提供する存在として位置付けられてきた。明治維新政府以来，商店経営から次第に合名・合資会社や有限会社，そして株式会社に事業形態が移行した後も，自社内での人間関係は必然的に伝統的な家族主義経営（創業者一族経営の継承）[1]というトップ擁護を志向する暗黙の了解が最優先され，一方で職場内の仕事は他社とのライバル競争を義務付けられ，給与所得者・サラリーマンという社会における歯車的役割を果たして来たのである。しかしながら，こうした雇用関係も90年代に入ってから一挙に様相を異にし始めたのである。先ず日本的経営の最大の特質とされてきた年功序列制度の大幅な見直しが始まり，終身雇用制度もあっという間に能力給制に移行するようになり，系列融資も滞り，企業内組合の組織率も若者を中心に激減して，日本的経営という錦の御旗も大手を振ることに終焉の時が到来し，最早喫緊の課題として欧米並みの人的資源の正当な評価システムを構築していかなければ，利益追求だけを前提とする人海作戦体制から脱することは出来なくなってきたのである。

　こうしたわが国の企業文化が今，大幅な変革の波に晒されているのである。しかも国際社会の一員として，その主要な役割を長年に渡って担ってきたわが国の経済（力）は，もはや日本的という安住の経営に固執して，護送

船団方式による丸抱えの救命袋を与えられている産業界の暗黙の伝統という了解事項を前提に業務を遂行していくことは，許されなくなっているのである。

現在，古今未曾有の業界再編が続く各企業では新たな経営体制構築のために自己責任やディスクロージャーの名の下に，各社が本来の特性を生かした能力を十二分に発揮し，生き甲斐を持って働く職場の創造が画策されている。現状では情報分野や株式投資の運用に際して特異な才能を有する一部の人たちの動向が評価され，またそれが際立っているが，わが国の企業経営でのトップの共通した課題は「通常業務をこなす人々が一人では出来ないことを共同でなし遂げていく，そんな達成感と連帯感を職場内で今一度享受できるようにする」ことが最優先事項として求められているのである。

しかしながら90年代からあらゆる分野に急速に伝播したグローバル・スタンダードの浸透と共にアメリカン・ビジネスの根底にあるFair（公正）・Free（自由）原則が普遍化しているが，これは実は法的な裏付けを徹底整備・追及しながら建国以来発展してきたアメリカの企業史の申し子というべきものなのである。外資系企業参入の増加で，その影響の最たるものはアメリカ式ビジネスモデルが如何に膨大な法的書式化の手続きを行っていたかということにある。

外聞した知識では，計り知れない精緻化された今一つのビジネスが密かに進行しているのである。今日までわが国の海外進出企業や輸出産業が等しく直面してきた当面する問題は，実は企業・法人を取り囲む営業権に伴う法的ガードの不徹底であった。マイノリティー問題や現地部品調達比率の高水準での確約など，「制度が異なる」という一言でしかないのであるが，アメリカ及び欧州でビジネスを展開するに際しては，商事法務に纏（たずき）わる分野での攻防が，実は前線での必須の経営戦略となっているのである。

わが国における商法改正動向(2)は，こうした幾多の大企業及び系列会社の海外での経験を基にして諸外国の法律（企業文化）との整合性を計っていると考えられるが，問題はこうした法手続きがわが国の90％以上を占める中小企

業にまで適応されることにある。

　瑣末な事柄と指摘されるかも知れないが，筆者の改正についての今日までの企業経営者とのヒアリングの中で多かった事柄は，「企業の業績を示す決算書の法務局への提出一つをとっても，結果として第三者に閲覧可能（公示）となることによって，信用不安が引き起こされる可能性が生まれてしまう」という懸念が多かった。筋論からすれば，適正で公正なビジネスを追求することがすべての会社にとって必要不可欠であり反論の余地のないことであるが，中小企業の現実は資金繰りに明け暮れ，親会社の傘下で経営支配されていて，独自の経営が全く自在性を奪われているのである。自社の財務及び資産までが公開されることに対する中小企業経営者の危惧とそれに対する消極性は，余程のことがない限り拭えないと考えている。それ故，本論では以下に昨今の商法改正の流れと現実を対峙させながら，その波及性と問題点の析出を検討していくことにする。

Ⅰ．政府の動向

　先ず，法整備の分野で最大のトピックとなると考える事柄を紹介し，それを指標にして考察していく。即ちそれは次の発表である。

　2000年9月，法務大臣の諮問機関である法制審議会商法部会が平成14年の通常国会を目途に商法を抜本改正する基本方針を決めた。このことの意義は大きく，これはその浸透に付随して，わが国の旧来の企業社会や産業構造を根底から変革するものと考えられるからである。想起すれば，90年代半ばから産業各分野にグローバル・スタンダードの波が急速に押し寄せており，国際的な制度上の標準化動向は大企業間の寡占体制を確実に崩しており，終には既存の大企業支配の産業構造の衰微を引き起こし，更に輸出入や外為取引の面において従来の方式とは異なる手法が採用され，企業法制の分野においても，その整合性を高めることが求められて来ているのである。

　2001年4月18日に提出された商法改正中間試案には，いくつかの重要な提

案を含んでいる。その中心の一つが社外取締役導入の必然性を説くものであるが，従来これは名目上の役割しか果たしていなかった。しかしながら事業規模の増大と共に取締役の決定権の比重が高まり，昨今のように海外支社の担当重役が事業の失敗を招き，多大な損害を引き起こし，会社の財産を激減させるという事態の増加を前にして，この取締役の責任を単独で問うということが問題となって浮上しているのである。

　この度の改正では，そうした事態を防止するために事業の報酬・指名・監査委員会を社外取締役が過半数を占める複数の形で構成した場合には，形式化し尚且つ儀礼的な存在となっていた監査役制度を廃止することができるという，世界共通のコーポレート・ガバナンス（企業経営統治）システムを可能とする画期的な提案であるとされる。こうした状況下において，わが国の企業経営の中核をなす取締役の責任について外圧という形で導入されようとしているものの，改めてその立場を前面に出して経営責任を問うという姿勢は，先進資本主義第 2 位のわが国の存在基盤を再構築していくためには極めて重要であると考える。企業アンケートを見ておく。

　朝日新聞が2001年の 7 － 8 月に企業200社に対して行ったものであるが，ここでは既に 4 割の企業が社外重役を導入しており， 2 割が検討中とされている。経営の透明性や客観性の確保が目的として挙げられているが，現状で最も社外重役が多いのはソニーで，取締役12人中 4 人となっている。これは故盛田昭夫氏の先見性が，ソニーの経営体質をアメリカナイズしていたからであると考えられる。詳細は省くが，実際ソニーでは，日本企業に一般的となった経営手法（例えば米国証券取引所への株式上場や欧州殊にドイツのベルリンにおけるベンツ社と共同開発したソニー・センター，中国へのIBM社との連携による情報通信システムの導入など）を従前から着実に行って来ているのである。

　やはり突出した経営者であったと言ってよい。それはさておき，一般的に取締役は，会社の法律行為や事実行為を遂行する者であり，また，会社と取締役との間の法的関係には，民法の委任の規定が適用されるため，取締役はその職務執行に際して善良なる管理者の注意義務を負うことになる（民644

第7章　トップ・マネジメントと商法改正　161

条：委任者ハ委任ノ本旨ニ従ヒ善良ナル管理者ノ注意ヲ以テ委任事務ヲ処理スル義務ヲ負フ）。さらに，取締役は会社のために忠実に職務を遂行する義務があると定められており（商254条の3：取締役ハ法令及定款ノ定並ニ総会ノ決議ヲ遵守シ会社ノ為忠実ニ其ノ職務ヲ遂行スル義務ヲ負フ），取締役は会社に対して受任者としての

企業の経営を外部の視点で監督する「社外取締役」導入の動きが広がっている。朝日新聞社が主要200社にアンケートしたところ，4割近くがすでに導入。検討中の企業も2割強あった。法務省が進めている商法改正による義務づけには反対も根強いが，株主重視や経営の透明性が求められる中，米国型のコーポレートガバナンス（企業統治）が避けられないとみる企業が増えているようだ。

社外取締役，4割で導入　主要200社アンケート

調査は7月下旬から8月中旬に実施した。「社外取締役がいる」のは74社。「いない」と答えた企業でも，42社は「検討中」とし，合わせると6割近くになる。

「その他・無回答」を除いたうえで業種別に見ると，製造業で導入済みが31.6％（31社）。化学や鉄鋼などの重厚長大産業で消極姿勢が目立った。反面，非製造業では46.2％（43社）がすでに導入していた。

導入の理由では，「経営の透明性，客観性の確保」（コマツ）のほか，「海外ビジネスの経験を持つ有識者の助言を参考にしたい」（日本精工）と，経営上のアドバイスを求める企業が多い。

ただ，社外取締役を導入した企業でも取締役全体に占める人数はまだ少ない。「1人」が31社，「2人」が28社。「3人以上」は15社にとどまった。米国では，10人前後の取締役のうち，最高経営責任者（CEO）と最高執行責任者（COO）の2人以外はすべて社外取締役という大企業が少なくないが，今回の調査で最も「社外比率」が高かったのはソニーで，取締役12人中社外は4人。

社外取締役の絶対数が最も多かったのは，資本関係のあるJR各社首脳ら8人（取締役は32人）が就任している日本テレコム。次いでJTBの7人（同27人）。総じて大株主や関連業界から向かえる傾向が強いが，三菱商事が今年初めてグループ外から社外取締役を迎えるなど，人数や「社外」の定義を見直す動きも出ている。

導入時期は，この3年間で14社が新たに導入した。10年以上前からの企業が多いが，東芝は今年1人から3人に増やした。

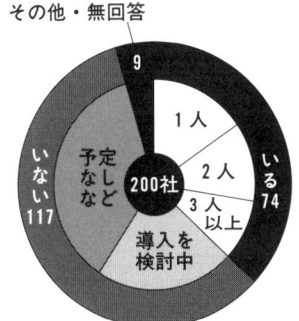

社外取締役はいますか？
その他・無回答 9
いる 74（1人, 2人, 3人以上）
いない 117
導入を検討中
予定しど
200社

注：数字は回答社数

忠実義務を負うこととなっている。

　現実の企業間競争の激化は法整備の動向に先駆けるように，予断を許さないものとなっており，次のような企業社会のルール作りが新たに進行しているのである。それが具体的行動となって一挙に現れた90年代に入って，わが国の企業間では親子会社の見直しや企業結合，そして会社分割が頻繁に行われるようになっているが，その背景として証券・金融・保険業，メーカー，ゼネコン，不動産業などによる構造的な不良債権処理問題の発覚による長引く経済不況があり，経済の国際化が進展する中で，経財界から企業組織再編に関する法案整備（規制や税制の緩和）の強い要請を受けたことがあげられる。その結果，平成9年の商法改正では，合併に関する規制が改正され合併手続の簡素化が図られ，簡易合併制度が導入されている。

　また平成10年には独占禁止法の改正により，持ち株会社が解禁され，平成11年には株式交換・株式移転制度が導入され，そして平成12年には会社分割制度が導入されたのである。このように矢継ぎ早に，企業再編に向けての会社法制の整備がなされてきたが，現実には様々な問題が生じているのである。例えば，上記に敷衍した問題に限っても親会社に関する子会社の管理手法や親会社の取締役の子会社に対する忠実義務・善管注意義務の責任も未だに明確とはいえない状況にあり，返って一連の商法改正動向の中から，持ち株会社解禁動向と併せて親子会社法制に関する議論も盛んになっているのである。

　改正の概要を見ておくと次のようになっている。株式会社を公開会社と非公開会社に区分，非公開会社法制を整備，代表取締役の権限強化，持株会社の動向，株主総会での決議事項の限定，連結決算や時価会計に沿った情報開示の義務付け，経済の国際化やIT（情報技術）の進展に対応，資金調達を容易にする株式制度の整備などの項目が基本方針として掲げられている。そしてベンチャービジネス育成のための規制なども大幅に緩和されることになっており，これらはわが国の経済発展のためにも中小企業の活性化において不可欠であると考えられる。しかし，現行商法ではかなりの部分において企業

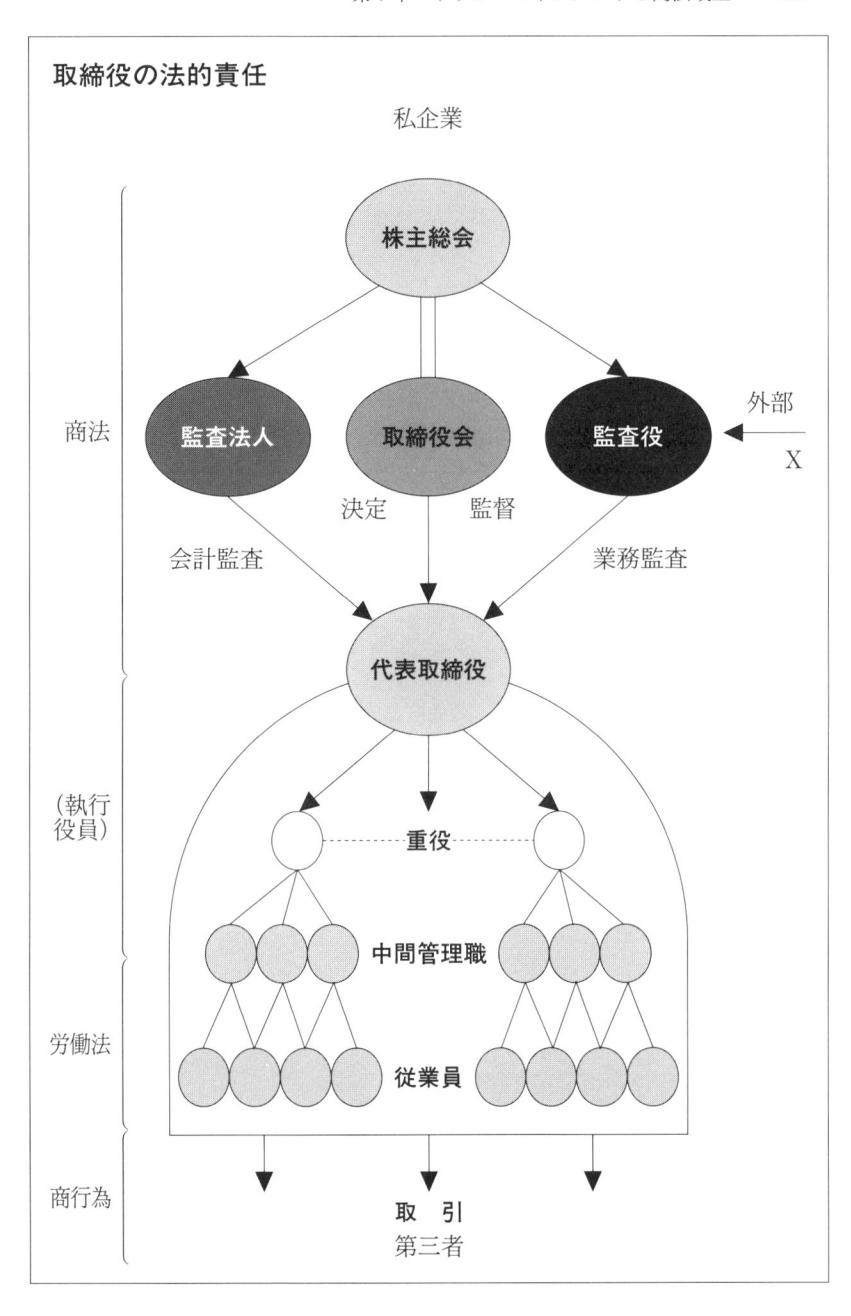

第7章 トップ・マネジメントと商法改正　163

取締役の法的責任

私企業

商法
- 株主総会
- 監査法人　取締役会　監査役 ← 外部 X
  - 決定　監督
- 会計監査　　　　業務監査
- 代表取締役

（執行役員）
- 重役

労働法
- 中間管理職
- 従業員

商行為
- 取　引
- 第三者

という一つの包括的枠組みによって規制がなされている関係から株式会社を公開会社と非公開会社とで一律に区分することは現実的に困難である。そのため，非公開会社についての会社法制の効果的な整備が求められるのである。また，現行商法では，株主総会，取締役会の決議事項の規定項目が多く，これが企業の迅速性・機動性に対して阻害要因となっていると考えられるため，必要な決議事項を最小限にし，各機関への権限委譲を図る必要がある。そのように考えると，今後ますます，取締役会の非上程事項についての取締役の責任をどの範囲まで負わせるのかが重要な問題となってくる。

唯，今回の改正で忘れてはならないのは，商法の口語化である。一般に法律用語は意味解読が難解とされているが，これが口語化されることによって，一般の人々にも読まれるようになれば低年層から学習が可能となるだけに，法律に感心を持つ人達が増加して，法意識が助長されることを期待したい。法律はすべての国民に平等の権利であり，また義務でもあるからである。

企業活動がグローバル化している現代において，海外に進出している日本企業は既に数多く存在する。それ故に，諸外国のトップマネジメント，殊に取締役の責任とわが国の取締役会との比較研究の意義はますます高まってくると十分予測されるが，この点についての研究は本論では割愛する。前頁の図式は，わが国の株式会社の法的責任についての概要を筆者が考案したものである。筆者としては，こうした図式を下に改めてわが国の今日までの株式会社のトップマネジメントに対する法的責任について論究を進め，問題点の所在を明らかにし，そして課題を摘出しておくことにする。

II．今回の改正商法要綱案

法制審議会（法相の諮問機関）の会社法部会が，2002年1月16日に商法改正要綱案を決めた（21日からの通常国会に提出）。以下これについて論じていく。

朝日新聞（2002．1．17）では「米国型企業統治を導入　社外取締役が監視

第7章　トップ・マネジメントと商法改正　　165

執行役に大幅権限」，一方日本経済新聞（2002.1.17）では「**新たな経営　企業次第　市場の評価がカギ**」

　同日の日本経済新聞では半世紀振りの抜本改正について［法制審は2000年4月，<u>経営の規律向上</u>，企業の資金調達の機動性の確保，企業運営への情報技術（IT）活用などの観点から改正作業に着手。株主代表訴訟で訴えられた取締役の負担を軽減する議員立法が昨年の臨時国会で実現，社外取締役の賠償責任を年収の二年分まで軽減できるようにした］(5)（下線筆者）と紹介し，要綱案の解説を行っている。

　改正の眼目は，これまで全く不透明であった企業トップ層での経営・管理（その権限領域と結果責任の範囲）を外部の人の目で監視する社外取締役の起用を促すということであるが，これは従前より長らく指摘されていたことであり，企業から委嘱された企業側に立つ監査役や公認会計士の審査をそのまま受け入れていた状況下では，企業そのものに対して否定的な監査内容を提出することは望むべくもないことであり，サラリーマン（上位下達）化してい

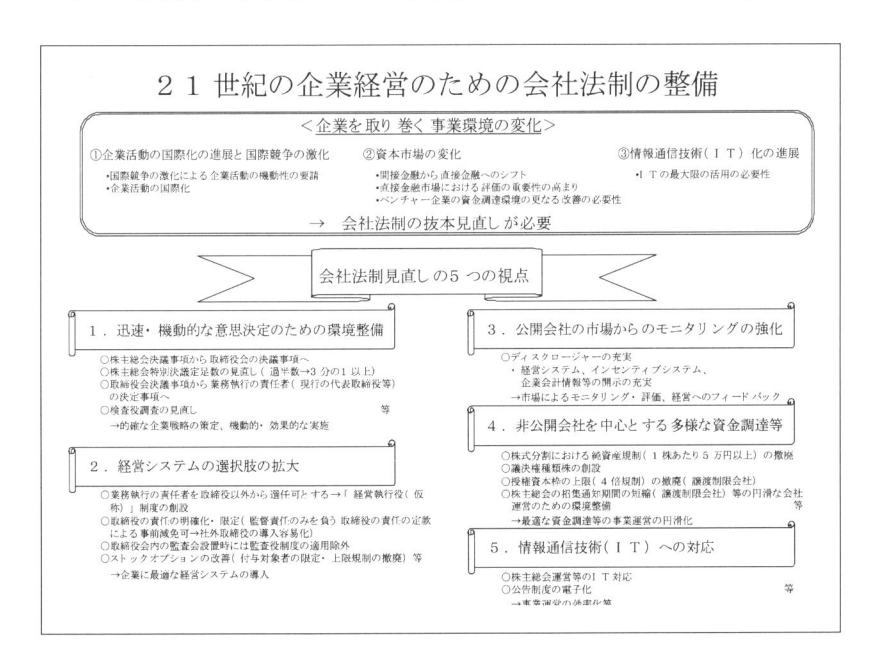

21世紀の企業経営のための会社法制の整備

＜企業を取り巻く事業環境の変化＞

①企業活動の国際化の進展と国際競争の激化
・国際競争の激化による企業活動の機動性の要請
・企業活動の国際化

②資本市場の変化
・間接金融から直接金融へのシフト
・直接金融市場における評価の重要性の高まり
・ベンチャー企業の資金調達環境の更なる改善の必要性

③情報通信技術（IT）化の進展
・ITの最大限の活用の必要性

→　会社法制の抜本見直しが必要

会社法制見直しの5つの視点

1. 迅速・機動的な意思決定のための環境整備
○株主総会決議事項から取締役会の決議事項へ
○株主総会等決議定足数の見直し（過半数→3分の1以上）
○取締役会決議事項から業務執行の責任者（現行の代表取締役等）の決定事項へ
○検査役調査の見直し
→的確な企業戦略の策定，機動的・効果的な実施　等

2. 経営システムの選択肢の拡大
○業務執行の責任者を取締役以外から選任可とする→「経営執行役（仮称）」制度の創設
○取締役の責任の明確化・限定（監督責任のみを負う取締役の責任の定款による事前減免可／社外取締役の導入容易化）
○取締役会内の監査委員会設置時には監査役制度の適用除外
○ストックオプションの改善（付与対象者の限定・上限規制の撤廃）等
→企業に最適な経営システムの導入

3. 公開会社の市場からのモニタリングの強化
○ディスクロージャーの充実
・経営システム，インセンティブシステム，企業会計情報等の開示の充実
・市場によるモニタリング・評価，経営へのフィードバック

4. 非公開会社を中心とする多様な資金調達等
○株式分割における純資産規制（1株あたり5万円以上）の撤廃
○議決権種類株の創設
○授権資本枠の上限（4倍制）の撤廃（譲渡制限会社）
○株主総会の招集通知期間の短縮（譲渡制限会社）等の円滑な会社運営のための環境整備
→最適な資金調達の事業運営の円滑化

5. 情報通信技術（IT）への対応
○株主総会運営等のIT対応
○公告制度の電子化
→事業運営の効率化　等

た形式的管理手続きであったことは衆知の事実である。日本的経営の根幹の中でのトップの同族意識と家長意識の遵守，そしてその徹底が「愛社精神」として変容させられ，企業イメージの構築となっていたことは否定できない。

筆者としては，こうした改正動向に対して一定の評価をしているのであるが，唯，私企業が国の法律で経営の規律向上を義務付けられることに対して大きな違和感を覚えるのである。わが国の企業経営者たちのトップに立つ意識の健全性は，最早無くなったということが，言葉の裏面に見え隠れしているとしか思えないからである。取締役の選任及び会社との関係について定めている，商法254条では

①<u>取締役ハ株主総会ニ於イテ之ヲ選任ス</u>

②会社ハ定款ヲ以テスルモ取締役ガ株主タルコトヲ要スベキ旨ヲ定ムルコトヲ得ズ

③<u>会社ト取締役トノ関係ハ委任ニ関スル規定ニ従フ</u>

（下線部筆者）

商法上でこのように規定されているにも拘わらず，現実は社内で実力者としての代表取締役が選任した取締役を定時株主総会で追認される形が採られている。こうした便法は至るところに見られ，これが株式会社という法人格を法中心ではなく人中心の組織にすり替えてしまい，日本的な家族主義を助長し，家父長的な色彩の濃い企業社会として当然視されてきたというのが，わが国の企業発展史の特質である。しかしながら，会社は法人であり，徹底して経済活動を行うに当たっては，何よりも法律を遵守してこその存在なのである。

こうした当然の事実認識を他所に，株主（総会）を軽視し，形骸化させた結果責任がわが国の企業形態の根底を揺るがせているのである。手法や戦略において欧米と何ら遜色のない企業経営を行いながら，日本人の伝統的な商人道の律儀さと信用（暖簾価値）を礎にしていた創業者理念を「時代が違う」という言葉を言い訳に後退させ，いつしか競争原理を第一とする近視眼的な

現実対応終始型の企業体質へと変換し，終には本末転倒の条理に泣くといった現実を迎えている。

　株式会社の存在意義は，第一義的には定款に謳うように国民経済の利便性の向上に寄与するものであり，社会への貢献である。その意味から，私企業であっても，経済活動の過程では資本主義社会の二大特質である「競争」と「信用」のバランスを失ってはならないのである。2002年2月現在で，新聞やTVなどで連日のように報道されている大手企業の不祥事（雪印乳業の偽装牛肉事件等）について逐一考察することは出来ないが，会社が詐欺を働いたとして刑事訴訟法で訴えられ強制捜査をされるに至っては『過ぎたるは及ばざるが如し』『身の程を知る』という格言に尽きるような気がしてならない。国を騙し，国民を騙し，そして自社の社員を騙してまでするような企業行動では，幾ら経済主体の根幹と言っても，自国に対して貢献していることには到底ならない。

　それ以上に気になることは，自由主義社会であり，資本主義社会であることの大前提がここに来て崩壊し始めようとしているのであれば，政府としても，むしろそのことを前面に取り上げるべきである。国民生活の資質向上のためには，その方がより重要ではないかと考える。自由主義国世界第二位となったわが国が，まるで社会主義国のように「資本（運動）の自由」を拘束するような法律を提出し，また決定されるような事態になっていることは，改正案の細やかさ（現実対応策，例えば資本金5億円以上負債200億円以上の大企業に対して社外取締役を複数起用すれば監査役制度の廃止を認めるなど）は評価できるものの，現状での我が国を代表する企業の巨額の債務発生とその賠償責任のあり方に対して，個別対応ではなく，政府として全産業レベルで制度化するという方向を示したことは緊急事態救済手段及び再発防止対策と考えられるが，今回も「喉もと過ぎれば熱さを忘れる」の喩え宜しく，個別具体的な企業経営に今後一定の枠を嵌める「火種」とならないのであろうか。新規産業の成長をもって現状を打開していくことの優位性を一方で強調しながら，法律で企業経営をマニュアル化するような官僚主義的な意図が，今回の改正案

に内在しているように思えてならないのである。
　常識の観点からして，130万社あると言われているわが国の中小企業全体を捕捉する効力を持つ法案決定となれば，今後の起業家たちの事業運営に一定の枠を嵌めることになるのではないのか。
　勿論，今回の改正案の効果を望んでいるのであるが，現行の取締役に対する商法上の規定を見るまでもなく，何よりも「不正」を行わないということは社会人の持つ当然の，最低の常識であるということが，全く考慮されていないと思うのは考え過ぎなのであろうか。
　会社経営という名の下に，違法の限りを尽くし，そのことが自己の昇進と会社（自分の所属する部課）の利益拡大を同時に達成するというわが国の「会社人間」の在り方は，わが国の企業成長の過程では，むしろ社内的には「やり手」として評価され，ライバル他社の担当からも業界人として「一目置かれる」という企業間での認知システムがあり，これがかつて「猛烈社員」という企業戦士を多数生み出すことになったのである。しかしながら，現状はやはり法律（国内外）を軽視してきたことの反動が大きく，企業の信用を一日で崩壊させるものとして，認識され始めて来ているのである。税金対策を主として財務諸表及び決算書などを改ざんした結果責任が，巨額の不良債務発覚で経営実態が予想をはるかに上回るほどに悪化していることが白日の下に晒され，株価の急落を惹き起こし，資産の大幅な減少と売上のこれまた急速の後退を誘導し，大企業屋台骨を折るという事態が続出している。これが21世紀冒頭でのわが国最大の問題となっているのである。
　確かにわが国の税制では事業法人にとって，その対策は決算処理方法において用意周到さが求められてきた。国民の義務であるとはいえ，税金をサラリーマンのように生の数字で天引きすればそれで済むのであるが，勘定項目を分散し，処理方法を替えると，法律の範囲内で税金を軽減出来るので，納税の最少化を求めてあらゆる手立てを加えているのが実態であるとされている。違法という一線は超えずに，正規のルートで適正と判断されており，そのためのプロを内部にも外部にも置いているのである。

プロとはこの場合，違法の世界を知っている者である。この不文律は他の世界の人たちにも言えるのかもしれないが，企業法人にとって売上高の拡大と利益確保の係数は相関関係が望ましいことは言うまでもないが，わが国の税制はその関係を頭打ちする壁となっていたことも見逃せない事実である。高コスト構造の是正は，何も商品流通の世界だけに求められるものではなく，こうした会社法制の中からも見直しをしない限り，達成は覚束ないのである。論旨を補足するため「21世紀の企業経営のための会社法制の整備」（産業構造審議会総合部会新成長政策小委員会　企業法制分科会報告書）を参考に，今少し敷衍しておくことにする。会社法制整備の必要性については，次のように指摘している。[会社法制は，企業の組織，資金調等，企業活動の基本的なルールであり，会社法制のあり方は企業活動に大きな影響を与える。従って，会社法制を常に企業活動を取り巻く環境に適したものとしておくことは，我が国経済の活力の維持・向上のために不可欠である。このため明治32年の現行商法典制定以来，我が国会社法制は，時々の課題に対応するため，累次の改正が行われてきている。[6]

　戦後，会社法制の大きな見直しは，株式会社制度の大幅な転換がなされた昭和25年商法改正や，取締役会権限の強化を行った昭和56年改正がある。(P.17)。この度の会社法制の抜本的な見直しは経済構造改革の一環とされているのである。[7] この点について今少し，遡及しておくと次のごとくである。明治32（1900）年（明治32年法律177号）の商法典において，取締役の第三者に対する責任に関して次のように定められていた。すなわち「取締役が法令または，定款に違反する行為をなしたときは，株主総会の決議による場合と雖も第三者に対して損害賠償の責任を免れることを得ない」（旧商177条1項）。明治23年法律32号による商法188条は「取締役ハ其職分上ノ責任ヲ尽スコト及ヒ定款並ニ会社ノ決議ヲ遵守スルコトニ付キ会社ニ対シテ自己ニ其責任ヲ負ウ」と規定し，第三者に対する責任を規定していなかった。これに対して，明治32年の商法177条1項は旧法を修正して，「取締役カ法令又ハ定款ニ反スル行為ヲ為シタルトキハ株主総会ノ決議ニ依リタル場合ト錐モ第三者

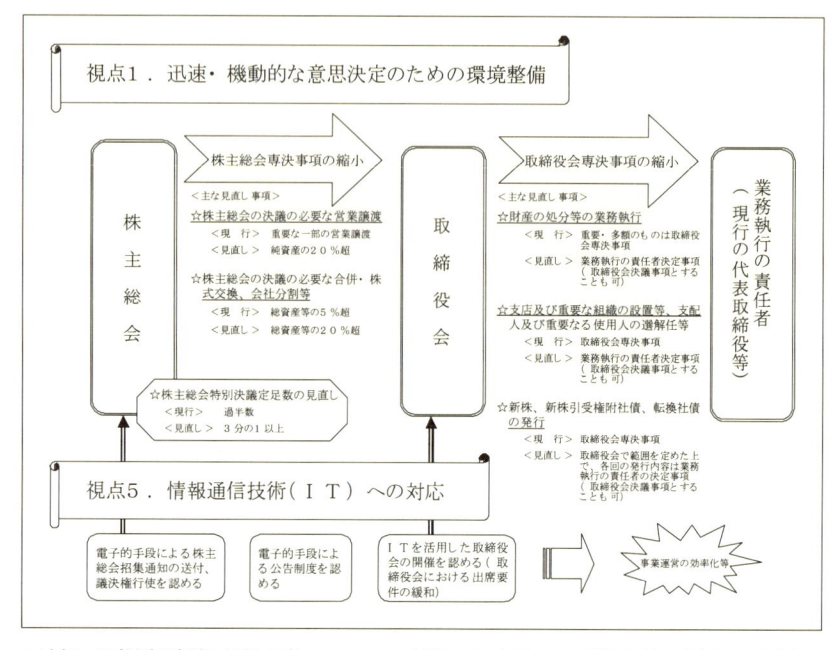

二対シテ損害賠償ノ責ヲ免ルルコトヲ得ス」と定め，第三者に対する責任について規定した。その後，昭和25年（昭和25年法律167号）には，占領軍総司令部の下にわが国の株式会社法は根本的に改正された。特筆すべきは従来のドイツ法的な制度から，アメリカ法的な性質が濃厚となった点である。米国での「資本所有と経営の分離」形態に呼応して，会社の経営機構の近代化が計られたのである。また，この昭和25年改正は取締役の第三者に対する責任規定について，締役の会社に対する責任原因を従来に比べて一層明確にしており（商266条），株主の代表訴訟の制度（商267条以下）をも新たに採用したものであった。法改正によって意図したところは，何と言っても会社資本の充実であり，取締役責任の強化の目指すところも同様の目的達成のためである。健全なる会社運営実現に対する法的規制の正当性は，社会資本の充実に帰着するが故に万民に認められるものとなっているのである。

　上の図表では，経営システムの選択肢の拡大とあり，企業が国際市場競争に打ち勝つためには多様な経営システムを構築し，ストックオプションなど

のインセンティブ・システムをより効果的なものにするために，今後可能と考えられる経営システム例を掲げている。確かにこれは一つの方法であるが，このような提示では『可能となる経営システム例』が過大に認識される可能性を持つと考えられる。一つのフォーマットとしてサンプル的に掲載されていると思うが，図絵の単純さと現実の複雑化とのギャップがこれでは埋まらないのではないか。パターン認識としては評価できるが，経営システムと定義した上でのものだけに最大公約数的な指標は，却って「経営」という言葉の意味する範囲と内容が大きすぎるだけに，むしろトップマネジメント制度改革とでもした方が良いと思われる。

 とはいえ，国が法案を整備しての経営システムであるだけに経営という言葉の捕捉する範囲を想定しながら検討を加えていくことにする。

 報告書では，社内監視システムの多様化のための環境整備に関して，次のような指摘もされている。［企業内部において，株主の利益を代表してインサイダー（経営者）を監視する主体が存在することが望ましいという点に異論はないものの，インサイダー（経営者）を監視すべき主体として，社外取締役の導入によって取締役会の監督機能を強化するか，社外監査役の導入によって監査役会の監督機能を強化するか，いずれが適当であるかについて，そもそも結論を出すべきでないとの意見も有力である］(P.44)。

 一読する限りでは，問題点は明らかであり，当然のような気もするが，大企業が自社のトップ層の専決事項や取締役の責任範囲の明確化を改めて法律で示してもらわなければならないということに対して，やはり疑念を抱かざるを得ない。これでは自立した独立経営体とは言えず，またかれらの経営行動と倫理観が全く乖離していたと認めるようなものではないのだろうか。大々的に推進すればするほどに，返って国民レベルでは，その根底に潜む不信感を想起させる結果となってくると考える。

 資本運動に国境がないことは，理論もそして歴史も示してきたことは衆知の事実である。国際化は企業が経営戦略上，外国に支社や子会社，生産現場を設置して始まったものでなく，貿易・金融・保険業界等では，その歴史が

始まって以来，日常的に行われている業務である。しかしながら，わが国ではこの30年間，国際化の花盛りのように人口に膾炙するまでになっており，物事の本質よりも現象面の多彩さや広がりを中心に描写し，多国籍企業であることが，国を代表する企業であるかのごとき風潮を生み出してきたのである。

　それも『市場拡大』という一語を前提にしての行動を正当化した上でのことであった。大手企業各社を始めとして，わが国の企業は本質的に経営が行き詰まった時に，余りにも安易な，見え透いた方法を採択しすぎて来たといえないであろうか。

　そして今日連日のように報道されている不祥事発覚の後での対処のあり方を見ても，全く「素人でもそこまではしない」と思えるほど稚拙で杜撰な結果を招いており，上場企業という経営の専門集団組織にあらざるような体たらくを露呈し続けている。

　これでは現行の企業社会に闘志も気力も湧いて来ない次世代の青年たちが増加しても，何ら不思議はないのである。「悪いことをしている」会社と認識されてしまっては，かつて大人たちや資本家，そして政治家たちに再考を求めたアメリカのヒッピー（企業の中枢を担っていた優秀な若者たち）のように企業社会を遺棄するものが，国の基盤を希釈する事態を招く恐れがある。最早，「子供だまし」の経営では誰も付いて来ないということを，もっと経営者たちは真剣に考えなければならないのである。人を信じない，また信じさせない企業では，何らの社会貢献は果たしえず，また何らの功績も残せないのである。

　筆者の言いたいのは，企業はトップがしっかりしてこその組織体であるということである。わが国の創業・企業者たちの伝記には，圧倒的なまでの個性があり，会社立ち上げ直後から寝食を忘れて仕事に没頭する姿や資金繰り地獄を経験する姿，そして仲間たちと喧嘩腰に議論し合う姿が伝えられており，決して社長室や重役室という個室だけで仕事をしていた訳ではないのである。全人格を曝け出して，自分（仲間たち）の夢を追い続けていたことが，

わが国を代表する創業者たちの特質であったと言ってよい。
　こうしたタイプの経営者像が，いつしか前近代的な経営者とされ，成功者であったものの，ワンマンであったと評価され，経営民主化の下での平等意識が定着し，相対化の流行(はやり)の中で評価され始めたのは，一体いつ頃であったのか，想起する必要がある。
　70年代半ばから80年代の後半までの十年間は，過去の蓄積が働いていた故の経済成長であり発展であったが，その後は国際化（外国資本）の波に呆気なく呑まれ続けているのである。
　これは経営理念（根）なき戦略（幹）と戦略なき戦術（枝）の，当然の結末であると見て良いのではないか。木に例えれば，枝ぶりのみを重要視し過ぎ，幹を細らせ，根が枯れかかっていることに気付かずにいたと形容できる。かつてのわが国の産業勃興期からの創業者たちは，その個人的評価はさておき，「事に当たっての見識の鋭さと責任の取り方」は徹底しており，数多くの毀誉褒貶(きよほうへん)を物ともせず，「身の処し方」はその都度見事なものが多かったのである。こうした創業者たちの生き様からは，人間としての学ぶべき生き方があったと同感する人は，多いのではないか。
　上記で述べた社外取締役の必要性についての議論の背景としては，次のような動向が先行していたことを付記してこの項を終える。先ず，昭和50年6月に法務省民事局参事官室が行ったアンケート調査「会社法改正に関する問題点」で社外取締役の問題が商法改正の論点として取り上げられている。しかし，アンケートの結果は経済界をはじめとして消極的な意見が多かった。適当な人材がいないとか時期尚早であるといったものが，主な理由であった。そして，昭和53年12月に民事局参事官室から公表された「株式会社の機関に関する改正試案」では，社外取締役案は取り上げられなかった。代案として一定規模以上の会社に社外監査役案が盛り込まれたが，社外監査役案も昭和56年の改正には取り込まれなかった。
　その後，平成2年6月に公表された「日米構造問題協議共同報告書」のなかで，わが国は，商法によるディスクロージャーの制度及び株主の権利の拡

充並びに合併の弾力化等について，今後の法制審議会において検討することが表明され，この会合においてアメリカ側から株主の権利拡充に対する具対策の一つとして「社外重役制度，監査委員会制度の導入」が提案され，社外重役の導入が商法改正の論点の一つとして再浮上したのである。日本側の回答は，現行商法に監査役の選任が義務付けられており，監査役は会社の業務執行および会計を監査することとされているので，その必要はないと拒否をした。しかしながら，それから3年後の平成5年，商法改正において，わが国政府はアメリカ側の要望の根底にはわが国の会社制度における経営に関するチェック機能に対する疑念が根深くあるとして，それを晴らすために監査役制度の改正に着手したのである。

　その後，平成9年9月に自民党の商法に関する小委員会及び経団連のコーポレート・ガバナンス特別委員会から，それぞれ社外監査役の要件強化による経営チェック機能の強化提言が発表された。そしてこれは，続発する未曾有の利益供与事件の摘発や企業の不祥事の発生を契機にこれをいかにして防止するか議論がなされたのである。しかしながら双方とも重要視したこの経営チェック体制の強化という観点から社外監査役を導入することに帰着した従来からの考え方は，株主総会の委任を受けて経営執行権者である取締役会とその監督者である監査役とが機能を分担する日本型を前提とするものであった。

　この提言は平成11年4月に「企業統治に関する商法等の改正案要綱」としてまとめられたが，社外監査役中心の骨子と基本的な考え方は変っていない。とはいえ，現行の社外取締役論はコーポレート・ガバナンスをめぐる論議の一環として，アメリカ型の経営体制すなわち経営執行権者であり監督者でもあった取締役会が，経営執行権を執行役員から成る経営執行部に授権し，自らは監督者としての機能に特化するという形の中で，社外の人材を取締役に起用しようというものであるだけに議論の的になり，その波及性（グローバル化の中での法的不整合）が法改正の迅速性を惹き起こしていると考えられるのである。言うまでもなく，企業活動は日々新しいものであるからであ

り，時流に乗るか乗らないかによって企業の浮沈は鮮明な結論をもたらすからである。既に社外取締役制度を導入している日本企業には，ソニー以外に富士ゼロックス，キリンビール，ソフトバンク，山陽電機，HOYA，オリックス等の企業がある。

III．リーガル・マインド

　ここでは，企業人の法意識について先ず考察していくことにする。といっても，自分の経験を下にしたものでしかないのであるが，今日まで数多くの経営者にお会いする日々の中で得たものを中心として考えてみると，やはり一般的には会社内部で商事・法務に関わっている就業者を除くと，所謂「六法全書を」見た或いは見るという人は，格段に少ないという印象がある。これは会社内で法律関係のものを読むということが，何か会社として訴訟事件が発生したと外部の関係者に解されることになり，また関係者以外の人が法律上の問題点についてものを言うことに対して「好ましくない」といった不文律のようなものが，強固な一つの企業文化として存在しているからであると考えられる。

　また一方で，法律関係や経済関係の雑誌や著書及び問題集を手にするということが，「格好を付けている」とか「会社を離れる準備をしている」また「自分の仕事も出来ないくせに何をやっているんだ」とかの冷たい評価が付きまとっていることも否定できない事実である。

　昼休みの時間でさえも，一人黙々と本を読み，また資料を調べていると「点数稼ぎ」と見られるというのも，日本企業のマイナス面での慣習である。欧米並みに自由時間は，各自の気の向くままに時間を過すことに対して，何かしら仕事から離れているという疎外感を持ってしまう性向は，企業文化が如何に閉鎖したものであるかの一つの証左である。こうした感情は，欧米の人々には理解させるのは難しいことである。労働時間内での勤務成果と自由時間，そして時間外での言動や行動は誰にも干渉されないというの

が，共通した認識であるからである。これは筆者が2000年の夏と2001年の夏に渡って，米国・欧州物流視察で15社（その半数は公社）公式訪問した折，関係者との対談においても，勤務時間内での各自の役割分担が如何に明確化されているかを実地見聞したことから，日米欧の労働者意識の差異を改めて考えさせられたからである。

　会社がカラー（CI: Corporate Identity）を全面に出して力を注ぐのは，Communicationの促進であり，顧客満足度のアップと時間内での作業効率のアップである。これらはわが国の企業でも見られるものであるが，コミュニケーション一つを取り上げても，社員間の表面的な挨拶運動のようなものではなく，同じ部門内（館内）にいるすべての労働者の名前（ニックネーム）を呼び合うといった仲間意識の助長を促進するものであり，課長以上の主たる仕事と認識されている点が，わが国のものとは大きく異なる点である。またOJTという配置替えも，欧米では一々個人的な新たな契約内容の承諾が必要で，わが国のように上位下達という訳にはいかないのである。

　となれば，これは企業といえども「かれらには社会の一部でしかない」という徹底した現実認識から捕捉する以外に，欧米企業の労働者意識を理解することは出来ないと言って良い。わが国のように「企業こそが社会だ」とする観念は，比較研究上平行線を辿る最たるものである。「就社」が自己実現の手段として企業を認識している点は，欧米企業（社会）から学ぶべき利点である。

　このように見てくると，欧米，殊にアメリカ型のコーポレート・ガバナンス（企業統治）[8]を導入することは，大きな精神革命を必要とすることをもっと真剣に考えなければならない。というのも，わが国の法制は領域経済社会（封建制度）の昔から，先ず為政者の権限に反するものを制裁するという立場を採って来たことは否めない。しかし，その過程で欧米の法律を導入し，明治政府は憲法を樹立したのであるが[9]，罰則規定として出発したものが，伝統的倫理観や道徳観の狭間で，刑法や民法での訴訟法が他国の国民たちのような処罰では，余りに過激であるという庶民感情や喧嘩両成敗を元にした判

例が相次ぎ，結果的に最高刑ですら，法務大臣が世論を全く無視して決定できないような，よく言えば柔軟な，悪く言えば優柔不断な領域を大きくしてきているように思える。

　これに対して西欧では，徹底して人間は自然状態では悪事を働くものとして法律を作っているように思われてならない。筆者の経験では，上記の視察中ハイデルベルグやフライブルクで市の役人にゴミの有料化について議論していた時，このようなことを直接聞いたのである。ゴミは放っておくと幾らでも捨てるから，罰則（厳罰）付きの条例を徹底して開示し，「何年何月何日付けで一斉に『エィ，ヤァ』と行うと，誰も文句が出ないんです」と言われた時には，"性悪説も悪くはないなぁ"と実感した次第。現実に町は，ヨーロッパ第一の美観を誇っているのだから，法律や市の大型プロジェクトも斯くやあらんと納得せざるを得なかった。一方，わが国では本当のことが言えない，言ってはならないと神経質になっている場合が，却って法律の施行に際してさえ，融通性を期待し，またそれを乱用する事態が起きている。これは性善説（世の中，徹底した悪者はなく，そうなったのにはそれだけの理由があり，それは自分たちと全く無関係ではない）とするような，文化と呼ぶか，気質と称するか，また浪花節と認めるかといった憐れみがあるように思われてならない。

　胡乱なようだが，このような視点から現行の法律動向をみていく以外に，筆者としてはグローバル化のもたらす根本的な影響や最終的な意図と考えているものを捕捉することはできないのである。専門分野と言われるものに対しては，第一認識としては，徹底的に素人として対処してみる以外に，一体どのような方法があるのか。「寄らしむべし，知らしむべし」という伝統の見え隠れする政府の施策遂行に対して，地域住民が異論を唱える原点は，いつの時代も「水や空気が汚れること」であった筈である。しかも，その水は自然が作るものであって，「人工の水」では決してないのである。同様の論理で言えば，法律に対しても素人に判るようにと必要以上にやさしく書くことではなく，現象や事象の対処方法が何を本質としているかを分からせてくれれば良いのである。

先に指摘した口語化の問題も，漢字をひらがなにしたような文章では，困るのである。営々と積み上げてきた専門家たちが納得するような文章で，法体系を崩さないものでなくては無意味となる。
　改めて言う必要はないと思われるが，アメリカはアングロ・サクソンソンの支配する国であり，いわゆるWASP（特権階級）の牙城である。筆者の現状認識の原点には，アメリカは決して日本に世界一の豊かな生活形態を許すとは考えていないという思いがあり，本格的な揺さ振り（貿易摩擦の点からはリベンジ）を国民的レベルからの情報化の浸透によって意識改革通して達成しようと目論んでいると考えている。
　余りにも便利安楽な知識拡大ツール（パソコンから携帯電話など）の国家的浸透状況に対して，この程度の一見奇抜な発想を持ってしても，強ち間違い(あなが)であるとはいえない状況であることは，アメリカの歴史を少しひも解き，そして政治家たちの足跡をトピック的に抽出して分析すれば，またその背後にアメリカの圧力が如実に反映していると考えれば，この10年間のわが国政財界トップの甚だしい混乱や交代劇も概ね納得がいくと思う。[10]歴史の一幕としては，85年のプラザ合意において当時の竹下総理がアメリカの意向を汲んで，相手が驚くような円高導入の先手を打ったというのが，政治の世界では囁かれているが，こうした内輪の話は国民レベルでは，すべて「そんな突拍子もないことは信じられない」とされ，新聞報道もこうした話はベテラン政治記者の胸の内にあって，ますます政治不信の根は深くなっていき，国民の目線では垣間見ることができないものとなるのである。
　法及び法律という言葉には，昔ながらの「お裁きを受ける」といった意識の古層が働いているように思えるが，普段の生活では殆ど接点を感じることがなく，事件や不祥事の当事者及び被害者になって始めて，改めて法律でしか人間関係の葛藤は解決されないことを実感するのである。しかしながらその法の罰則規定を巡っての裁判闘争の歴史が，何時しか違法を金で片付けるという悪循環を生み出している。
　道徳や倫理が古き時代の産物のように認識され，国民の意識から薄れ，ま

た人々の口から出ることがなくなったことに，全く違和感を覚えなくなっている。「物言えば唇寒し……」と自覚させられるような雰囲気が，これらの言葉を発した瞬間から醸し出され，場の話題を大きく変えてしまう経験は，今や国民共有のものとなっているかの感がある。若者世代にとっては，こうした言葉を日常的に使う中高年は旧タイプの人間そのものとして認識され，その後の信頼関係の積極的な構築に向かうことは稀となっており，また中高年の人々の間でも，この言葉を使うときは，現実に対する嘆きを包含する言葉として累積されており，話題は一挙に各人の脳裏にある昔へと帰還する傾向がある。

しかしながら，21世紀の現時点で，世界的に話題となっていることは，実はこの「倫理」や道徳なのである。曰く，企業倫理や経営倫理，管理者としての倫理，法人としての倫理，そして公務員倫理から放送倫理など枚挙に暇が無いのである。社会が契約社会であるという前提に立てば，この倫理というものが如何に重要かが分かる。広辞苑では，倫には「人として守るべき道や仲間」という意味が付与されている。

「仲間」と言う意味を知っている人が，一体どのくらいいるのか。人として守るべきことは，最低限「人を騙さない」と，「人のものを取らない」ということであった。それが資本主義社会の到来以降，巨大なマネーハンターが跋扈し始め，お金の無い生活が出来ない社会になって行き，人間が便宜的に作ったお金が，神に代わって世の「中心価値」となったというのが，歴史の教えるところである。経済学の用語で，これを「物神性」という。

人として守るべきものを守らなくなったところに，現代の企業社会が位置しているのである。人として当然のことをしようとした人々に「奇麗事を言うな」といって企業社会が，今その奇麗事の前に無力な姿を表しているのである。ビジネスのプロとしての自覚も，漸く人間回帰の原則に立ち返って来たと言えるかもしれない。

法律の目的は，一国の社会秩序の安定にある。この場合の秩序の認定者が支配者側から民衆，即ち国民の側に移行したのは，世界史的に見ればまだ一

世紀にも満たないのである。古代ギリシャ・ローマからの歴史を想定すれば，それはほんの一時の経験でしかない。しかしながら19世紀後半からの飛躍的な技術革新は，僅か150年間で過去の世界の様相を電気と自動車，航空機等で一変させ，常に現代こそ最高の時代であると豪語して，豊かで便利安楽な社会を実現させてきた。

トータル的に見れば大成功した現代社会となっていることは誰も否定出来るものではないと考えるが，精神面での不安定感や喪失感の増大は年々拡大しているように思われる。自然や環境の維持回復や改善が重要視されればされるほど，自然が遠ざかり，環境の意味するところが漠としていくと感じるのは，一体どうしたことであろうか。

これはあらゆる分野における原理や原則，そして原論といったものが，すべて拡大（抽象）解釈され，その本来の意味するところが不明瞭にされたまま，現実即応の枝葉末節の多様な話題性に適合した結果，帰路を見失ってしまい，来た道を歩むことしかないと更に前進していくかのような状況下にあるように思われる。

専門分野の細分割化のもたらしたものは，その固有の目的の達成ではなく，時代と共に派生するミクロの経済現象及び事象の集積が世界を形成しているとの物事の正当性を力説するのみであり，その世界が個人の頭の中にあるものなのか，それともユニバーサルといった抽象的なものを言葉の中で具体化しようとしたものであるのかといった問題は，そこでは捨象されている。例えば数学の世界では実数と虚数を合わせたものを複素数と呼んでいるが，こういうものは無いといえば無いと言えるが，ユークリッド幾何学が真理であるのと同様に非ユークリッド幾何学も真理となっているように，虚数という架空の世界を構築し，そして検証することによって「真理とされている世界」の正当性を保障する役割をもっているのである。

しかしながら，本来われわれの目の前に「無いものをある」と仮定して，存在するものを明らかにしようとすることは自然科学の世界には必要なことであると思うが，社会科学の分野では，こうした設定それ自体が眼前の事象

から眼を遠ざけるための便法として受け止められ，個人の見解としては面白いが普遍的なものへと発展することはないと見なされる。実はこの「普遍性」が問題なのである。自然科学の明らかにしたものは世界中の人々にとって，自然の摂理や法則となって認識されるものであるが，社会科学の場合は時代の変化や生活形態の変貌によって，かつて信奉されたものが時代遅れとなったり，全く省みられなくなるといったことが当然のように繰り返されており，哲学や思想ですら「一時代を画した」ものという言葉の中で評価されてはいるが，それが世界中の人々に共通した価値認識を生み出しているかといえば，そうはなっていないのである。現状では「流行」という言葉の中に浮沈する処世術の手引きの様相を呈しているのみである。これは個人主義が成長した結果と見ることもできるが，これが社会科学の成果が必ずしも時代を経て普遍性を獲得してきたものでないことの宿命かもしれない。

とはいえ，法律の世界では自然科学と同様に「広く，万民共通の決まり」となるだけに，その条文は次の改正までは一つの「定理」となる。国家が立法したものは，すべての国民が順法することが義務付けられるだけに，その立法化には叡智を傾注しけなければならないのである。

法の抜け穴を見つけ出す能力を保有するものが増大した社会という事実認識を前提に，包括的な法案を策定するということは現状では不可能となっているのかもしれないが，それを防止する手立ては欧米並みの罰則規定を設定する外ないと考える。「眼には眼を」という正義を守るための明確な信念と，不正に対する厳格な罰則行使以外に国民が納得する法制化はもはや現代のわが国では，不用なものでしかないと思われるからである。

その理由の最たるものは，IT化の急速な普及が今やインターネットや携帯電話に象徴されているように，世界についての各種の情報が瞬時に検索できるまでになり，知りたいと思う事柄を自分の持つ画面上に登場させることができ，また自分をそのネットワークの中に参加させ，未知の世界を常に身近にしているという現実から出発しなければ，IT化は語れないのである。その意味から，インフラ整備は序盤を終えていると言ってよく，最早その利

用方法の洗練さと「時間と正確さと安全性」を如何に効率良く達成していくかに掛かっているのである。

　その意味からして企業は既に最先端を走っている行動主体であり，経済主体である故に，今回の商法・会社法制が改めてIT化を前提にして改正されることに対して，経営内容の全貌を広く株主や一般に対して公開することは当然の企業責任となって来ている。

　企業の競争力強化のためにIT効果ともいえる正の価値を最大限生かすことが，企業の生存を支えるという意識が無くてはならないのである。例えばわが国では，現在株主総会招集通知は書面によると理解されており，そして計算書類や監査報告書は添付することとなっている。しかしながら，株主総会開催に伴う膨大なコスト（時間）削減や株主に議決権行使の円滑化を考えれば，郵便よりも電子的手段，つまりインターネットによる通知がより効果的であることは言うまでもないことである。送信情報の改竄を防ぐためID番号など本人確認の手法や技術の徹底が要求されるが，株主の利便性の向上や国内外の機関投資家の議決権行使比率を高めていくためには必要な措置である。

　「既に米国では電子的手段による議決権行使が実務でも定着し，法制度の整備も行なわれている。また，イギリスでは，議決権行使代理権授与の電子化のためのElectronic Communications Actsに基づく命令案を公表しており，ドイツでは電子的手段による議決権行使代理権授与を認めるための法律（記名株式と議決権行使簡素化のための法律（NastraG）を審議中である）」（企業法制分科会報告書，P.70）。

　諸外国では現実の社会が契約社会であるという徹底した認識が根付いているために，法律違反に対する評価は厳しく，ニュー・ビジネスの名を借りたIT関連の事業化に対しても，即応した法整備が計られる気風と言うか文化が存在している。それに対して，わが国では伝統的に「後手」と言われても仕方がないような事例が多い。これは欧米の起業家たちが世界的な潮流に対して，わが国のように「みんなで渡れば怖くない」といった総花的な行動を

取らず，独自性を守りながら率先するものと新規の事業化をじっくり採択するものとに分かれていることに起因していると考えられる。これに対してわが国の場合は，当初は誰かが「石橋を叩いて渡る」姿を眺めた後で，有効性が検証されれば一挙に大半が採用するという日本人特有の行動パターンを展開していることから，裏目に出た時は，その殆どが被害者となり，また加害者となって訴訟に突入することになるからである。

　これも考えてみれば日本的な護送船団方式のもたらした影響が色濃く残っている証左の一つかもしれないが，余りにも企業行動が一律になって来たことは，企業各社が発表している新時代適合を目指す経営戦略の策定と説得性の割には実効性が伴っていないとしか認められない。わが国の企業活動も，個別企業の資本運動形態を取っていることに変わりはないけれども，現実は既に各産業分野での位置と役割が固定されていて，しかも各産業毎に業界としての組織構造がスパイラル化して，その範囲内での企業行動しか取れなくなっている。

　1970年代から日本企業が挙って市場拡大の眼を海外に向けた背後には，わが国の産業構造がどうしようもないほどに凝固していたという事実がある。業界規制という暗黙の了解事項が，政府や官庁からの指針と同義あるいはそれ以上の拘束力をもっていることは，やはりそれぞれの業界のトップ企業層以外には余り認知されてはいないが，かれらがそれを支持する以上，その他の企業群は服従することでしか生存出来なかったことは言うまでもない。

　「親会社と子会社，そして孫，ひ孫……」という系列企業群の形成が，わが国経済発展の源泉であるものの，そのことが21世紀に突入した今，大きな弱点となってわが国経済を揺さ振っている。小泉首相のモットーである構造改革構想の大きさは，この産業構造改革一つを取り上げても，わが国の第二次大戦後の半世紀の残したものを抜本改革する必要性があるだけに，並大抵のことではないのである。

　筆者としては，わが国の「この半世紀あまりの歴史」そのものが検証の場に挙げられていると理解しているが，そうした取り上げ方をする世論は少な

く，依然としてその手法や波及効果の是非論議に終始しており，これでは国民共有の課題であると認識させることは当分望めないのではないかと考える。

歴史もまた国民共有の財産であるといった現実認識が何故浮上しないのか。こうした問題点に立つ必要性を何故，世界認識に役立てないのか。何故，受身にばかり終始し，能動的に自己主張できないのか。2002年の通常国会の答弁を見ていて，こうした感慨に捕らわれる人は多いのではないだろうか。政治という語句を広辞苑で見ると次のように記してあった。「人間集団における秩序の形成と解体をめぐって，人が他者に対して，また他者と共に行う営み」（下線部筆者）。不明にして，今日まで下線部のような意味があるとは思っていなかっただけに，編者の見識の高さを痛感したのであるが，政治とはこのように動態的なものであり，改革を本来位置付けられているものであった。それならば，そのための立法の目指すところは筆者の言及したように，国民生活の資質向上に寄与するものであり，安全な社会形成であるはずである。

本来的な意味は，やはり明確なものである。本質はすべての人に納得されるものである。然るに何故，その延長としての法解釈が違法を生み出すのか。こうした疑問を氷解させる手立ては存在するのか。またどこに求めればよいのであろうか。

おわりに

日本人のリーガルマインドについて私見を述べて来たが，筆者の商法知識の源泉となるものは，30年前の大学生時代に遡る。以下に当時の大学ノートを繰りながら，商法の流れを概観して論文をまとめることにする。

星川長七著『商法総則　商行為法』（廣文堂書店，昭和45年）では，冒頭に商法の対象が次のように記述されていた。「**商法を学問の対象として考えるときは，商法秩序の全体の意味を体系的に理解しなければならないので，ま**

ず，商法の基本的対象が何であるのかを明確にすることが必要である。この点に関しては，いろいろな学説が唱えられたが，現在では，商的色彩説と企業説が，商法学会を二分する有力な学説となっている。」

　今，このような古い記憶の中から筆を起こそうとした最大の理由は，当時の学者たちの骨太な文章を深く味わうことでしか，現行の商法改正論議に自分の意見を付加することが出来ないと考えるに至ったからである。法律である以上，上記で幾度か述べたようにその基本的な趣旨は変更されていないと考え，当時の論点を整理して，これを価値尺度として半世紀ぶりの大改正を自分なからに捕捉していきたいからである。実際問題として，若き日に受けた強烈な印象から抜け出せないというのは，学問を継続したものにとっては一つの「原基形態」がそこで形成されたことに他ならないと言うことであり，殊に商法に関しては自身の出発点ともなっている著書である故に，改めてこの著者の論調を紐解き，温故知新を実践したいと考えたからである。

　先ず商法の対象は何であるかに対する解答は「商」であるとするということであったとし，また「この商という概念は経済学上のもので，財貨の転換を媒介する行為である。すなわち財貨を生産者より取得して，これを消費者に供給して，その間の利潤を獲得する営利行為である。この種の行為は，自由かつ迅速になされることを必要とする。その必要に応ずるのが商法である」(同上，P.1) というのが，上記の二説の帰結であるとしている。そしてまた，近代商法の祖と呼ばれている1807年のフランス商法典について，「・経済的意義の商（固有の商）のみならず，問屋・物品運送・倉庫・銀行・損害保険等固有の商を補助するものや，これらのものとは直接には，関係のない生命保険・旅客運送・製造加工・印刷・出版に関するものも含まれているものも包含されていた」(同上，P.2) として，経済生活の多様化と必然的に増大する商法の規定対象の範囲の広さを挙げているのである。というのも，この著者は経済生活そのものは，人間の欲望を起点としている発生する財貨の移転として捉えているからである。更に明治・大正期の商法学者は「ただ形式的に，商とは法律的に商として規定されたものをいうとしている」(同

上，P.3）と指摘し，法律が先行する商行為を後追いして何らかの共通した性格があるが故に理論的・統一的に把握されたものとなったとしているのである。

そして「商法の対象は，行為の主体および行為についての個性の喪失と反復性・集団性によって着色された法律事実が，商法の対象である」(同上，P.4，下線筆者）と定めた田中耕太郎博士の有名な説を紹介し，商的色彩を生じさせている根底にあるものは何かと突き詰め，そり点を追求するものが企業説であるとしているのである。それ故，「商法の対象はまさに企業であるといいうる。企業を中心とする生活関係こそ，商法の対象であり，商法は企業生活に特有な法規の総体であるといわなければならない」(同上，P.5，下線筆者）と断言しているのである。こうした商法の概念規定は，現状においてもまったく正しいものであると考えるが，民法が一般法，商法が特別法とされる理由は，その成立年代の差異が大きく，民法はすでに古代ローマ時代に豊かな内容と体系化をもっていたものであり，商法は都市の成立以後の商人階級の掟，及び慣習が法律として発達したことに起因し，民法をベースにその重複を避けて作成されたところに商法の特質がある。

ここで法制史や専門分化した学説の内容まで立ち入ることは出来ないが，西洋・経済史等の教える時代性について上記の流れがあったことは確かな事実である。しかしながら，商法そのものの構成や問題点のあり方及びその捉え方に関して，「営業ないし企業」というフレーズが商法・関連著書に頻繁に見られることから，今一つだけこの著書から重要と思われる箇所を引用して論旨を突き詰めていくことにする。すなわち「株式会社または有限会社がその営業の全部または重要な一部を譲渡するには，株主総会または社員総会の特別決議を必要とする（商245条１項１号，有40条１項１号）……とあるので，これと譲渡人の営業移転義務を絡めるということ。即ち営業財産は有機的に組織された財産であるが，それらを一体として物権的に移転する方法はない。よってこれを構成する各要素についてそれぞれ移転し，かつその移転を第三者に対抗するために必要な手続きを採る。例えば，動産については引

渡・(民178条)，不動産については**登記**・(民177条)，商号についても**登記**・(商24条2校)，特許権・商標権のような無体財産権については**登録**・(特45条，商24条)，指名債権については債権者への通知もしくは**承諾**・(民467条)，指図債権については証券への裏書をして**交付**・(商519条)，記名株式については名義の**書換**・(商206条) をしなければならないのである」(前掲書，P.128。太字筆者)。太字部分を見て分かるように，企業生活に伴うすべての活動は財貨の移転に伴うものであり，こうした一端を見ても商行為それ自体が，如何に煩瑣な手続きを経なければならないのかが改めて理解される。

　商行為とはすべて法的行為となり，専門的には「私法上の法律事実たる行為である」。それだけに，P. G. ヴィノグラドフが言う「各構成員の意思は，このような意思の結合によって生み出された集合体の内部において，自身の自由活動および力の範囲を与えられなければならない。したがって，法は，人と物とに対する力の帰属および行使に関して，社会が課しかつ強制する規範体系である」(『法における常識』岩波文庫，P.52) という定義が，不滅の意義をもつと考えられるのである。

　わが国の商法改正論議を考察していく中で，改めて古典と称される著書の執筆者の慧眼に驚くことになった次第であるが，こうした視点から現状を見直すことが，今求められているのではないかと痛感している。社会における常識の欠如が法の世界にまで浸透してしまっては，企業という経済主体の根本的意義を見失い，私的企業の資本運動を擁護する施策のみが横行してしまう危険性が存在するからである。

　社会があってこその経済関係であり，個人的能力を集団で支援し，その能力を最大限に生かすための組織が企業でなくては，社会は無法の横行するものとなるからである。社会貢献という意義と目的を忘れた営業活動は，虚業でしかないからである。かつてメーカーが実業界であるのに対して金融・証券業界を虚業と呼んでいたが，この業界のもたらした富の大移動とその集積は，産業構造の中で実業界の体質を大きく変貌させ，営業外収入で営業収入の補塡をしようと躍起にさせ，終には経営の多角化路線を吹聴したものの，

その大多数が為替差損や株式低迷・大幅下落によって企業評価を大幅に下げるという結末を招き，わが国の景気全体を後退させ，今や外資のあらゆる分野への自由参入を許してしまっている。「経営の民主化」という点からすれば，外資企業の経営攻勢はわが国の労働者たちにとって，時間勤務の在り方と公平な資格審査を前提とした職場配置を体験することになるだけに，有利に働く機会が大きいと考えるが，それは自己投資を惜しまない労働者たちに限られ，既存の職場文化を追従していく人たちには，本格的な競争社会であるだけに，欧米型の実績評価システムに苦しむことになることは当然予測される事態である。商法改正のもたらす波及効果は，わが国の企業社会にとって「諸刃の刃」となる可能性が存在するだけに，その優劣の査定範囲内で実際にどのような現実的問題を生み出すかを当初より慎重に想定しておかなくては，そのメリット論ばかりを評価することは出来ないのである。

　ここでは2001年12月2日，米連邦破産法11条の適用を申請したエンロン社の事例を挙げる。

　エンロン社は，今から15年前に電気，ガス事業を目的に設立され，米国第7位の大会社にまで急成長したエネルギー関連企業である。設立当初から優良会社としてもてはやされたが，新世紀を迎えてあっという間に崩壊し，4千人の従業員と，同社の株を老後資金などとして蓄えてきた無数の人たちに，絶望感を与えたのである。同社の政商的な動き（民主・共和両党の議員への政治資金援助など），監査制度の信頼性等々あらゆる面から事態の解明が進められているが，モラルは相当酷いものであったことは，すでに新聞紙上でも明らかになっている。

　エンロン社は，この5年間で法人税を支払ったのは，たった1回だけだという。一方で，利益の大きさを宣伝して，ウォール街では最優良株ともてはやされ，会社の役員や幹部がこの5年間に持ち株を売って手に入れた金額は，合計10億ドルを越したというのである。

　何故このようなことができたのかと言うと，エンロン社は，ケイマン諸島や，バーミューダ，モーリシャス等のタックスヘブンに，次々と900もの子

会社を作り，利益を埋めてしまったことを始め，役員や幹部へのストック・オプションのコストを経費処分したりしたことにある。その結果，2000年度は，エンロン社は，本来112百万ドル納税すべきところを，逆に278百万ドルの税金払い戻しを受けていたのである。これは，アメリカの他の善良な納税者が，エンロン社の役員が貰うストック・オプションの費用まで助けたことになるのである。

　この破綻事件は，これだけでは済まされない。本来監査する立場にある公認会計士事務所までが，エンロン社の工作を手伝って，法規違反すれすれの線まで悪智恵を絞る行為を犯していたのである。破綻後も，アーサー・アンダーソン会計事務所のベラルディノ代表が，エンロン社が破産したのは「経済がうまく作用しなかったため」と言うコメントをして逃れようとする始末である。

　エンロン社とアーサー・アンダーソン会計事務所の両社は，法的に基準内だと強弁しているが，もしそうであるとするならば，これは一社の出来事にとどまるものではなく，一般企業全般に該当するルールが，今回のケースに限って，実際には当てはまらない歪みの中での特異な事例だと言う説も成立つかもしれない。現実的に真面目に税金を払わない人が多数いる反面，税金を支払う人が過分に払わされるという構図が成り立ってはいけない。これは，ビジネス世界のことであっても，公平性の観点からは詐欺行為に相当する。

　また日本経済新聞（2002.3.11）では，米国の著名な投資家であるウォーレン・バフェット氏が「（経営破綻した）エンロンが株主をないがしろにした企業の象徴になっているが，他の米企業にも言語道断の行為が多い」とするコメントをおこなっている。エンロンは「経営陣が従業員らに自社株を押し勧める一方で，自分たちは自社株購入権の行使によって取得した自社株を売却し，多額の金を手にした」ことがあきらかとなっており，ストックオプションの詐欺的行使が問題となっているのである。株主をかもにした手口は，今や世界的な傾向となっていることは，株式市場の健全化を阻害する最たるも

のである。

(1) 商法制定当時は，合名会社・合資会社・株式会社・株式株式合資会社の4種類の形態が存在した。その後，昭和25年（昭和25年法律167号）に，連合国軍総司令部（GHQ）の意向により，株式会社法が根本的に改正され，株式合資会社が廃止された。

(2) 商法抜本改正の基本方針
・株式会社を公開会社と非公開会社とに区分けし，非公開会社法制を整備
・株主総会の定足数を緩和し，合併や営業譲渡に必要な特別決議を容易にする
・完全親子会社間の取引規制を緩和
・連結会計や時価会計にそった情報開示の義務付け
・無議決権株式の発行限度枠を拡大
・電子メールによる株主総会の招集通知や株主の議決権行使を可能に
・商法を口語化し，有限会社法と合わせた会社法り一本化を検討

(3) 今回の改正では，商法上の大企業において最低一人以上の社外取締役を登用することを義務付けようとしていたが，これは見送られた。その主たる理由は，会社の自治が損なわれるという経済界の反発があったためであるとされる。更に，社外監査役が義務付けられているため，それらとの調整が十分でないためである。

(4) わが国では，実質的には個人企業にほかならないような小規模な株式会社が多数存在している。平成2年の商法改正により発起人の員数の下限が撤廃されたことから（商165条），実質的には個人企業であるものも容易に株式会社化することができるようになったが，取締役の員数については，依然として3名以上の取締役を置くことが要求されている（商255条）。その結果，たとえ実質的な個人企業主が自ら株式会社の取締役に就任したとしても，他に少なくとも2名の取締役が必要であり，親戚や友人などの名義を借りて取締役の員数を揃えることが少なくない。

(5) わが国において，株主代表訴訟における損害賠償額の上限を，株主総会の特別決議か定款の規定による取締役会決議があれば，代表取締役は役員報酬の6年分，代表権のない取締役は役員報酬の4年分，社外取締役は役員報酬の2年分にまで賠償責任を軽減できると改正された。この改正では，常勤取締役と非常勤取締役との間に損害賠償額の差が明確に設けられている。この改正によって，今までは，多額の損害賠償を懸念して就任を見送っていた諸外国の優秀な人材をわが国企業の社外取締役として招きやすくなることを期待したものである。

(6) わが国において初めて商法が制定されたのは明治23年であり，翌明治24年から施行された。このときに，制定された商法を「旧商法」と呼び，その後明治32年に修正商法が施行されると同時に「旧商法」は廃止された。修正後の商法を「新商法」と呼び，これが現在のわが国における商法である。その後も商法は，わが国の経済復興・高度工業化の進展につれて，株式会社法の分野で幾度か部分改正が行わ

れてきた。しかし，今回の抜本的改正は，それらの改正とは異なり，現在のわが国の社会・経済状況の変化は過去の戦争による影響に匹敵するくらいの大きなグローバルスタンダードを背景にしているのである。
(7) わが国の経済力が世界の経済を左右するほどにまで成長した結果，国際化と情報化の波が，わが国そのものの社会システムを世界との緊密な相互関係の中に巻き込み，日本的企業経営の根底をなす伝統的な株式会社制度そのものを変革していくことを求めてきている。わが国が50年振りに商法を抜本改正し始めた背景には，こうした事情が存在する。
(8) 企業における監視機能を高めるためには，わが国企業にアメリカ型のコーポレート・ガバナンス（企業統治）を取り入れる必要がある。そのための商法改正も行われている。例えば，最高経営責任者（CEO）を置く経営形態の選択を可能とする商法改正である。
監督機能が十分に働く組織が整っている企業には，CEOによる迅速・果敢な意思決定と効率的な企業運営が可能となるように商法が改正されるのである。
(9) 明治時代以前においては，1889年（明治22年）に大日本帝国憲法（明治憲法）が制定されるまで，立憲主義的な成文憲法は存在していなかった。しかし，明治憲法は，立憲主義憲法ではあったが，神権主義的な君主制の色彩が極めて強い憲法であった。
(10) 宮沢喜一（1991.11.5－1993.8.9）：バブル崩壊から不況突入
　　細川護熙（1993.8.9－1994.4.28）：平成複合不況深刻化
　　羽田孜（1994.4.28－1994.6.30）：
　　村山富市（1994.6.30－1996.1.11）：金融破綻，阪神淡路大震災
　　橋本龍太郎（1996.1.11－1998.7.30）：消費税5％，産業構造改革
　　小渕恵三（1998.7.30－2000.4.5）：金融再生法成立
　　森善朗（2000.4.5－2001.4.26）：民事再生法施行
　　小泉純一郎（2001.4.26－　）：戦後初のデフレ認定

第8章

企業経営と新日本戦略
－物流改革と法制度改革への視点－

はじめに

　筆者は，先の論文「新総合物流施策大綱」の中で次のような見解を示し，この大綱に包含されている壮大な計画を捕捉するための論点を摘出した。その概要の一部を紹介しておく。「……新大綱は，わが国の産業構造全体を変革する内容を有しているのである。想起すべきことは，旧大綱が関係省庁の連携の下に遂行されたことである。すべての省庁の担当者が相互に窓口となって取り組んでスタートしたことである。この意義を見落としては，新大綱の中身が何故このように広範囲の課題を網羅しているかを理解することは出来ないのである。というのも，この大綱は物流を中核とした産業構造変革のための一貫した事業であるだけに，社会資本整備事業としての特性が［運輸・交通・情報］面からの視点で新たに都市計画を推進すること，及び広域的な物流・産業ネットワーク形成を展開していくことが目的とされているからである。それだけに新大綱の具体的施策推進の成否がわが国の21世紀を決定するといっても過言ではないのである。情報・通信分野の最先端の技術を逸早く導入し，また貨物輸送手段（船，航空機，コンテナ，鉄道，トラック等）の大型化とモーダルシフトの利用によって効率化向上を実践しているのが物流業界であるからであり，また物流なくしては一切の社会生活が不可能となっているからである。物流効率化の促進こそが，わが国の積年の経済成長が内包していた［高コスト構造］を抜本的に改善する最良の手段であることは，施策そのものの戦略的有効性が問われている現在において当然の帰結である

と考える。また循環型社会の構築というベクトルが社会形成の根幹に据えられてきたことは，20世紀科学技術の一つの終焉であり，同時にその成果の下に発展していた経済システムに対して，その方向を大転換させたことを意味する。20世紀の経済発展が自然というものを軽視してきたことは紛れもない事実である。<u>その軌道修正を計ると共に新産業を創造していくものが，国際総合物流拠点整備事業であると考えている</u>。21世紀を迎えて，世界は今，自然への回帰を本格的に迫られているのである。」

90年代に入って，幸いにも筆者の研究活動を支援して頂ける人たちに恵まれ，新旧の総合物流施策大綱の検証を基に世界中の物流業界の公式訪問及び現地調査を並行して行なっているが，3年前より開始している世界の物流調査（アメリカ，イギリス，ベルギー，オランダ，ドイツ，フランス，上海，香港，クアラルンプール，シンガーポール）諸国の物流拠点，即ち空港，港湾，鉄道会社（ユーロトンネル公社），工業団地，バス・トラックターミナル，食品・流通・卸売センター等を公式訪問して，改めて国内の国際空港や地方の港湾局，そして物流センター・ターミナル，工業団地などを視察する中で彼我の対比が鮮明となって，日本の現状についての物流効率化対策が何か根本的なところで欧米の在り様と異なっていたという感慨が日を追って鮮明になってきている。

その端的な事例としては，現場担当者の姿勢の違いである。換言すれば責任者という地位にある人の存在感の相違である。働き甲斐と生き甲斐というものを，分離したものではなく，融合させている人生観や社会観の相違であり，これは正に文化の違い，国の違いそのものの歴史から起因するものであると断言せざるを得ない。会社を地域社会の一部であり，自社が所属する産業の中でどのような位置を占めているかを語り，また国益の向上に対して企業体として何を目指しているかを話しかける時の「人間味」の表出である。

企業の発展は，何と言ってもその構成員の質によって決定するということが，直接対話の中で実感させられ，それだけに巨大な施設内で作業工程やその管理に携わる姿勢は，部門を越えたコミュニケーションを通じて行なわれ

ており，人間関係は，わが国の家族主義経営の持っていた初期の良き未来志向型の同族意識に包まれていることが，表面的には機能的，分権的な人事・労務関係の中にありながら，ちょっとした問い合わせや打ち合わせの中でも窺うことが出来，働くということの本来的な在り方を不変の意識として踏襲しているように思えた。身分制社会の一面を彷彿とさせる特徴を持ちながら，夫々が役割分担内での社会生活を実践している西欧社会の懐の深さは，正邪に敏感過ぎる国民となったわが国では納得のいかない点が多いと思われるが，現実問題として社会体制や社会制度の変化よりも伝統的な慣習を尊重している欧米人の生き方は，現代というものですら，自分史の一コマでしかなく，街並みや自宅を見ても，我々のように便利さや効率性を重視して，立て替えるということはせず，昔ながらの形態の街や家に住むことが，人間として当然のことであると確信しているようである。少なくとも筆者が面談した人たちの考え方は，このようであった。価値観の相違と言ってしまっては，それまでのことであるが，それにしても我々日本人の総体的な「焦り」にも似た日常の意識行動は，一体どこに起因し，また何を志向しているのであろうか。こうした問題意識も脳裏に置きながら，わが国の物流効率化を指向した施策と企業経営について考察していく。

Ⅰ．大綱の透視図

　拙著『21世紀への潮流』（成文堂，2001.1）で，平成9年4月4日に閣議決定された「総合物流施策大綱」とその後のフォローアップを下に，その意義と目標，そしてそれが包含している壮大な物流改革と国際総合物流拠点創造事業の機能面での図式を表すと共に，関係省庁の物流効率化に対する進捗状況を検討してきたが，平成13年7月6日に閣議決定された「新総合物流施策大綱」の検証が一応終わったので，改めてこれらの新旧大綱の潜在力及び機動力とその根底を成す文言に秘められている法律について言及しておくことにする。

筆者が改めてこうした問題点を明らかにしておきたいと考えた理由は，法治国家であるわが国の閣僚会議で決定された大綱であるにも拘わらず，大綱が一人歩きし，関係各部署で多様な解釈をされていることを数多く目にし，耳にしたからである。現在の閣僚会議で遅々として効果の見えない経済構造改革に対して，形だけの方向性を示しただけのものであるという見解は，地方の出先機関の関係者に多く，筆者が関係法律との整合性やまた法的優先性といった観点から現状がどのように変革されていくのかを問うのに対して，大綱の意図を判別しようとする人が殆ど見当たらず，与えられた部門の一部の数値目標を実現することに終始し，またその報告書を作成することに追われている様相を垣間見たからである。これでは「群盲像を撫でる」の喩えにあるように，全体像を理解する人が余りに少数であると認識せざるを得ないと痛感したからである。日本経済が未曾有の停滞状況にあることは，各種の統計数値で連日のようにTVや新聞紙上で知らされており，しかも戦後初というレッテルが悪化を示す数値に付加されていることに，いつしか当然視する傾向が生まれ，ジリ貧といった感慨が全国的に浸透していることは，日本人の性格によるのであろうか。[人は人，自分は自分] として，あれほどまでに熾烈な企業競争を展開していた産業界が，それぞれにトップ競争に一段落したと思った時から，景気後退の底なし沼に引きずり込まれたかのように，為す術もなく積年に渡って不誠実な営業に傾けていた莫大な裏の投資が回収不能となるばかりか，不良債権となって表の勘定にはね返り，年度処理決算の重圧とグローバル・スタンダードの下の企業会計制度改革によって，現状の経営の屋台骨を崩壊させるまでに至っている。右肩上がり経済や，米国経済追従の結果が日本企業のトップ集団を根底から揺さ振っているのである。それだけに歴代政権から受け継がれている経済構造改革の重要性は日毎に増しているのであるが，何故か，これを掛け声だけのものとして解釈している。

　日本人は目に見えるものだけが現実であるという合理主義者になってしまったのだろうか。それならばこそ，新旧の総合物流施策大綱に秘められてい

る壮大なビジョンを一日も早く国を挙げて実現する方向に何故向かわないのであろうか。世代を越えた感慨は,「やる時はやる。何事も一気呵成にやって」こそが,良い結果を生んできたことを識っているはずなのにである。

現状のわが国の景気回復は,個別企業及び一産業の健闘によって為されるような規模ではなく,全産業に共通の課題を改革していく以外に方法はないのである。即ちそれが物流部門の時間・コスト・物量の搬入・搬送に係わる効率化の問題である。生産は消費が前提でなければ意味をなさないものであることは,言を待たないと思うが,消費のためには生産現場から消費の場への搬送が必要であることも同様である。空路,海路,そして道路を経由してものの流が間断なく行なわれているということは,普段一般の人々には余り意識されていない様子であるが,意識されなくなっていながら,日々の生活物資が滞りなく所定の場所に配送されているからこそ,我々の社会生活は産業技術の進歩発展の恩恵によって支えられていることが感じられるのである。

このことは既に3世紀も前に,A. スミス(スコットランドの経済学者,1723-1790)によって消費は生産の唯一の目標として『国富論』第四篇第八章の末尾で次のように述べられているのである。引用しておく。「消費はいっさいの生産の唯一の目標であり,無二の目的である。ゆえに生産者の利益は,もっぱら消費者の利益増進に必要な範囲内で配慮すべきである。この公理は証明するのもおかしいほど明々白々のものである。」

社会はA. スミスの言葉では「神の見えざる手」によって均衡ある「予定調和」の秩序が成り立っているのであるが,この意味するところは普遍的真理であると考えるが,時代の趨勢によって商品市場がある程度の量的拡大を達成し,そしてその量的拡大が更なる量的発展を意図する前に,質的変化を来たすということが見逃されているように思われる。この量から質への転化が,市場に飽和感を生み,景気を左右する消費熱を抑えていることは,資本主義社会が必然的に包含する本質的な構造の故である。

日本国民が昭和30年代に入ってようやく圧倒的な貧困生活から脱却し,そ

の大半が中産階級に属すると昭和50年代に称されてから久しいが，食⇒衣⇒住⇒教育⇒医療⇒福祉⇒が順次満たされて行くに従って，国民経済の実態は豊かな社会の一員としての形容を身に付けて来たのであるが，21世紀に入り，高齢化と少子化が表裏となって同時に喫緊の課題となって現出し始めたことによって，わが国の社会資本整備の形態もバリアーフリーと安全性確保が中核となって来ており，そして環境問題への配慮が空気や水（河川や湖沼，そして海等）の汚染を軽減するという世界的な動向と連動して，建築資材の吟味や日照権といった日常的な様々な問題を生活者からの立場でクリアーしていかなければならなくなっているのである。

しかしながら，一方で公害（Pollution）問題が盛んとなった1975年頃から，一方で「企業の社会的責任」という言葉が良く聞かれるようになり，そうした関心度が高く対策を講じている企業が優良企業とされてはきたが，企業が福祉団体にでも変身したのなら別であるが，企業体質は変っていないのであり，また替えては意味がないのである。つまり，企業にとっての営利追求は，投下資本に対する剰余（利益）の獲得が不即不離の関係にあり，またそれがあらゆる企業の目的となっているからである。この剰余価値生産こそが資本主義社会が他の歴史的な社会との特異な相違点であり，近代化社会を現実のものにしたことを忘れては，経済を語ることは出来ず，企業社会となっている現代の社会体制を論じることは不可能であるにも拘わらず，耳にやさしい言葉の洪水がマスコミから流され，いつしか環境対策企業として再評価されているように思われているが，決してそうではないのである。

企業が生産財を消費して剰余を獲得しない行動は，本来あり得ないという事実を認めることから始めなければ，この社会の存在は根底から崩れるのである。社会認識は，厳然とした歴史的・本質的事実を俎上に出すことから始めなければ叡智など期待できないのである。それ故に，こうした冷静な現実認識の上に立った世直し運動が期待されているのに，現実は「みんなで仲良くたのしい明るい社会づくり」をしようという子供騙しのような公共の報告書や計画書に文言が満ちるという風潮が蔓延している。これではわが国を長

らく支えてきた知的レベルが一挙に自ら評価を下げることに加担しているとしか思われても仕方ないのではないだろうか。下世話には目的のためには手段を選ばないという選択肢を採択したと評価され，文言の稚拙さが大衆受けするとしているのなら，この国の教育・文化の先行きは，全くの混沌状況となると予測されても止むを得ないのである。

II．旧大綱に含まれる法律

　先ず第一に考慮すべきことは，平成9年4月4日に閣議決定された「総合物流施策大綱」が世に出るまでに，どのような社会的背景があったかを知る必要がある。一体に法律は，単体で立法府に提出されることはなく，その殆どがいくつもの法律との複合部分を有しており，その有効性が失われて来た時に，新しい内閣の下で改正（抜本的・一部等）が行われるものである。しかしながら，わが国の場合，殊に20世紀末の1990年代に入ってからのいわゆるバブル崩壊によって，戦後40数年に渡る経済活動によって営々と積み上げていた巨大な国富が，あっという間にその半数を喪失してしまうという未曾有の危機に直面し，旧来的な経済・財政構造では再起不能とされるに至り，わが国の体制を抜本的に改革していくために「経済構造の変革と創造のための行動計画」が開始されて来たのである。

　残念なことは，歴代の内閣の緊急支援対策が目に見える効果を上げられなかったので，国民の間では評判は悪くなるばかりで，旧来の政治の有した護送船団方式による企業の結果責任に対する思慮・分別のない責任回避が日を追う毎に会社倒産や企業活動の中での詐欺行為，そして食品産業に見られる検査体制の杜撰さと不当表示や期限の改ざんによる消費者軽視の違法行為の発覚によって，各種不祥事の企業トップの会見現場での非人間的釈明などによって，わが国の政財界の人々の人間性に対する不信は急速に高まり，産業界全体が様々な悪の思惑の温床のように認識され，またその活動を監督するはずの官吏や政治家との癒着が無尽蔵のように表出してきている現状は，正

に日本の存立そのものが危機に瀕していると言える。

しかしながら，日本経済全体への効果こそ希薄のようであるが法律となって施行されている各種の法律は，その間各産業分野での規制緩和を推進しており，しかも国税の配分方法や地方自治への分権といった問題にまで踏み込んだ構造的改革が実施されているのもまた事実なのである。その代表的なものが，先ず平成5年11月5日に成立した行政手続法である。

この法律は「国の許認可や行政指導などに統一的なルールを定める」もので行政手続きの不透明化を促進する上で画期的な法律とされるものであるが，これによって国内は元より，諸外国からも非関税障壁の一つとされて来た点が同時に大幅に改善されているが，こうした点は世論では全く取り上げられず，上記の不祥事のみの報道が主となっているものの，その効果は既に各方面で現れているのである。

物流大綱にとって重要な構成要素となっている法整備についてはいくつもあるが，やはり最初に指摘すべきは「民活法」である。この法律の正式名称は「民間事業者の能力の活用による特定施設の整備の促進に関する臨時措置法」であり，昭和61年5月30日に法律第77号として定められ，その後平成4年7月16日の施行までに二度改正され，しかも平成4年の施行の日から10年以内に廃止するものとする，という時限立法であったのである。

ここで重要なことは「民間事業者の能力の活用」という主旨で，この法律が貫かれていた点である。2002（平成14）年5月の現時点では，国の社会資本整備や日本再生法に至るまで，民間の活力と能力を利用した事業計画の重要性が示されている関係から，民間という文言は目新しいものではなくなっているが，政治家指導で始めて作られた法律と称されている民活法だけに，そのコンセプトは現状でのあらゆる法律の根幹に行き渡っているのである。

例えば99年7月に成立したPFI法が，その典型である。その内容を示した文面を掲載しておく。出所は先の図に同じ。

「PFI（プライベート・ファイナンス・イニシアティブ）とは，公共サービスの提供を民間主導で行うことで，公共施設等の設計，建設，維持管理及び運営

に，民間の資金とノウハウを活用し，効率的かつ効果的な公共サービスの提供を図るという考え方である。「小さな政府」を目指す行政改革の一環として，1992年にイギリスで導入された。日本では，97年11月の緊急経済対策や98年4月の総合経済対策に盛り込まれ，99年7月にPFI法が成立，同年9月に同法が施行された。これに伴い，内閣内政審議室に民間資金等活用事業推進委員会（PFI推進委員会）が設置された。2000年3月にはPFI法の規定に基づき「民間資金等の活用による公共施設等の整備等に関する事業の実施に関する基本方針」が公布された。

公共サービスの提供を民間主導で行なうという手法が，わが国に漸く取り入れられたことの意義は実に大きいのである。諸外国の先例に遅れたことは

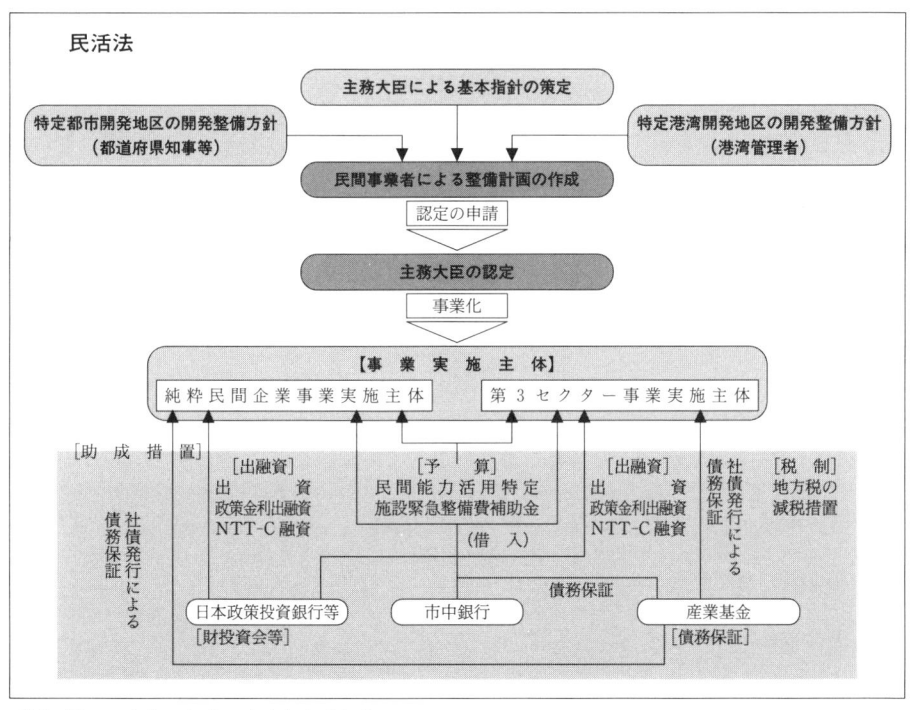

民活法

| 特定都市開発地区の開発整備方針（都道府県知事等） | 主務大臣による基本指針の策定 | 特定港湾開発地区の開発整備方針（港湾管理者） |

民間事業者による整備計画の作成
↓ 認定の申請
主務大臣の認定
↓ 事業化

【事業実施主体】
純粋民間企業事業実施主体　　第3セクター事業実施主体

［助成措置］
［出融資］出資／政策金利出融資／NTT-C融資
［予算］民間能力活用特定施設緊急整備費補助金（借入）
［出融資］出資／政策金利出融資／NTT-C融資
社債発行による債務保証
［税制］地方税の減税措置

日本政策投資銀行等［財投資会等］　　市中銀行　　産業基金［債務保証］
債務保証

(http://www.isit-go.jp/law/minkatu.html)

否めないが,「公共のサービスをする者は公務員でなければならない」という壁を破ったことの意味するところは,諸外国に見られるようにコスト意識の観点に立てば当然の事であるが,それ以上にサービスの細やかさの点が民間主導によって大きく改善されていくことになる点である。何よりも競争原理の上に立った費用対効果は,先ず自由市場の中での需給バランスが問われ,その収支決算の開示が次年度の計画事業に大きく影響していくだけに,公共では為しえなかった民間のマネジメント能力の活用が生かされるからである。つまり,それが消費者や利用者満足度によって評価されるからである。

こうした指標が従来の公的主導では,各種の建物は出来るが,その運営に際して時間制約や各種の取り決めによって必ずしも満足のいくものではなかったことは,第三セクター方式の事業の殆どが多大な負債をもたらし,そして失敗例として残っていることが衆知の事実となっているからである。

社会資本整備の重要性は,何と言ってもそれを利用する現在の人々の生活の利便性や資質が向上してこそ本来の目的を達成するものであって,出来上がった施設や建物を(9時−5時で)維持・管理するだけのものではないのである。欧米諸国のように,一国や都市を代表する博物館や美術館などが,如何に多くの市民や観光客の昼夜を問わず憩いの場となっているかをもっと真剣に考えなければ,税金の無駄遣いであると叱責されても仕方ないのである。GNPは国民総生産であって,国民の一年間の働きの中から税金を取り,その税金で各種の社会基盤整備を行なうにも拘わらず,西欧諸国で当然と考えられている国民生活への還元が重要視されて来なかったのは,わが国の民意の官に対する「お上意識」の文化があったと言えるかもしれないが,そうした慣例はもはや通用しなくなったのである。権威社会の実相は,潜在的な階層意識を温めながら今尚残存していることは否めないが,官僚に高級官僚とノン・キャリアという厳格な線引きを成し,本省と出先機関という枠組みの中で地方を中央集権的体制に順応させてきた日本的政治・経済体制は,今や国を私物化してきた集団的組織として一般的に認識されているに過

ぎないのである。しかしながら実態としては，こうした国家機構でしか，国政を運営していくことができないという根本的な自己矛盾が表出し，国民をより一層の政治不信に陥れているのである。

とはいえ，財政逼迫という客観情勢の改善が望めない以上，常識的に考えても，これまでのような借金生活を戒め，身を粉にして働き，構成員の特性に合った専門性が生かせる地道な努力が必要なのである。政治（家）が何故，率先してこれを行なわないのであろうか。目に見える生活環境の中の施設は一般大衆の利便性認識であるが，社会資本という国民生活全体を日常で意識しているのは政治家（為政者）だけの資質であったはずであるからである。

「国を思い，国を憂ふ」のは，男子の本懐と称された政治家の熱烈な自負心ではなかったのか。いくら弁舌爽やかで手練手管が優れていても，肝心の品位や品格のない政治（家）では，国民は付いて行かないものである。わが国の歴史は既にそれを十分証明しているのである。

「歴史的価値の産業化」という言葉を筆者が提唱し始めてから十数年になるが，わが国ほどこのことの意味を軽視して，社会資本整備を行なってきた先進国も少ないと思われる。筆者も二十数年間に渡って地域活性化の仕事を手伝って来たが，その間地方に出来たあらゆる施設は，経営合理化と人間を数理的に処理したとしか思えないような行動線を走らせたものでしかなく，機能性は格段に高まっているが，長らくそこに居たいと思えるような施設は殆どなく，時間延長は可処分所得の減少につながるものであり，実際，端的に言えば「お金がなければ利用できない」施設のオンパレードとなっている。

しかも老若男女が消費者でなければならないという「経済人」とされ，消費のための人生こそが正しい生き方であるかのように誘導していく風潮は，益々加速するばかりで，見識やこだわりを大切にしていた大人社会の伝統が，如何に膨大な社会的な無駄を廃していたかという事実を隠蔽し，物質的享楽のみの目新しさの追求こそが「善価値」であるかのように，すべてを便

利・安楽の方向に連れていこうとする社会の在り方は，やはり破断界を一度迎えなければ，目が覚めないのかもしれない。

　精神的弛緩現象の蔓延しているわが国の現状を打開していくためには，国民の総意といった美名を安易に語ることなく，気が付けば国民生活の資質向上にとって最善であったと思えるような事業化を推進していくための「主体」を創造し，評価は「後にまた誰か論ず」と達観した新しい民間人の登場が是非とも必要なのである。既存の概念や慣習に引き回されない強い信念と粘り強さを持った人物（組織）の存在が何よりも望まれる。21世紀の現代は明治維新の時のように，自分の身の回りの些事の中から全体の動向を措定するといった才能を有し，尚且つ大局を見誤ることなく体制を大改造する誘引効果を具備した優れた能力集団の存在を準備しなければならない時代なのである。

　国の再生への最大目標が国際的総合物流拠点創造であり，その法的根拠であり，あらゆる事業の実現に向けての基軸が「総合物流施策大綱（旧・新）」であると考える。そのように考えるならば，現行でのあらゆる企業が挙って，先ず日進月歩する情報技術を駆使して傾注しているのが社会資本整備に内在し，公私の別なく改善を待つ規制や高コスト構造の是正に対する解決の道を総合的な物流効率化の推進であるとしていることが理解されると思う。

　上記のような観点を基にして，新旧の総合物流施策大綱を読み解く姿勢が現下のわが国の再生動向を見極めるために必要とされているのである。

III. 大綱の記述文と法律の相関

　大綱の文章を筆者のように読み取っていく手法は，現状でも殆ど見られないが，筆者は研究の中核で次のような作業を進め，研究への意義を確信しているのである。その一端を開示しておく。ここでは，全文を紹介することは出来ないので，平成9年4月の旧「総合物流施策大綱」の二頁に記載されている(2)の目標と視点の項目を事例とする。以下に，少し長くなるが，その箇

所を引用しておく。

「この目標を達成するため，政府は，次の３つの視点に基づき，規制緩和の推進，*社会資本の整備及び物流システムの高度化* に関する施策を講じる。第１は，相互連携による総合的な取組みである。都市内物流，地域間物流及び国際物流の各分野にわたり，関係省庁間，ハード・ソフトの施策間，関係者間など，様々なレベルの相互連携が求められている。例えば，社会資本相互の結束点の利便性の改善や物流のボトルネックを解消するための関係省庁間の連携，*社会資本の効率的な利用に関してその整備（ハード面）と規制緩和や情報化（ソフト面）との連携，共同配送等地域毎の自主的な取組みを行う際の物流事業者，荷主と関係象徴，地方公共団体との連携等，様々な主体間で協調して総合的な取組みを行うことが* 必要である。この祭には，生産から消費，廃棄に至るまでの輸送や環境に係る社会的費用を最適化していくという観点からも取組む。……中略……第３は，競争促進による市場の活性化である。他の産業分野と同様，物流分野においても，競争環境の下で，*より効率的な事業者の新規参入や事業拡大，公正な物流サービスの提供を通じ市場が活性化され，多様化・高度化している物流ニーズに対応した新たな業態・サービス* が生み出されるような，国際的にも魅力的な活力ある事業環境を創り出していく。特に，*国際複合一貫輸送，サードパーティーロジスティクス（荷主に対して物流改革を提案し，包括して物流業務を受託する業務）などの，多様化・高度化している物流ニーズに対応した業態・サービス* が育成されるとともに，かかるサービスの市場への参入が促されるよう，規制緩和，情報化の促進等の総合的な物流事業の活性化策への取組みが重要である。」（斜体，下線部は筆者）。

上から見ていくと，この部分は大綱が閣議決定がなされる前年の平成８年８月７日に「共同で基盤整備事業・国際交流インフラ推進事業」として日本経済新聞に掲載されたものであり，発表・責任の所轄は建設・通産・運輸局

であった。また，*社会資本の整備及び……* は「流市法」の基本指針，三2(1)(5)(6)と「輸入対内投資促進法」の第17条にその旨記載されており，*社会資本の効率的な利用に関してその整備（ハード面）……* は「特定施設整備法」の第2条第1項第3・7号，及び17号に関係付けされており，*より効率的な事業者の新規参入や事業拡大，公正な物流サービスの提供を通じ市場が活性化され……* は「新規事業法」の第1条，第2条に裏付けされているのである。

　筆者は既に前著『21世紀への潮流』（2000年）で，大綱と法律の関係を述べてあるので，詳細はここでは省略するが，閣議決定された大綱の一字一句を法律の文言に照らし合わせるという作業は，何らかの閃きがない限り，行えるものではない。筆者の場合は，「わが国が法治国家であり，あらゆる現象は法律の裏づけによって成り立っている」との示唆を頂ける機会があって，初めてこの迂遠な作業を開始し，そしてその意義を知ったと言えるのである。国の窓口担当者やその上司ですら捕捉していなかったことを検証していくことは，研究者としては，何よりの自負であり，また自らの研究の礎が企業経営とこうした法律であるだけに，いつしか思いもよらずライフワークになってきている。

　細部に渡って論証していった結果（研究ノート）の全てを，ここで明示することはできないので，以下に「大綱」で使用されているキーワード的色彩の濃い用語と法律との相関を一部摘出し，記載しておくことにする。

　　2頁－「平成13年（2001年）までにコストを含めて国際的に遜色のない水
　　　　　準のサービス」*構造転換法を廃止する法律（附則　第2条第1項）*⇔
　　　　　この法律の施行日（平成8年5月29日）から起算して，5年を経過する日までの間なおその効力を有する。

　　　　　「物流事業者・荷主と関係省庁・地方公共団体との連携」*新事業促進法（第1，第2，第3条）*
　　4頁－物流拠点を結ぶアクセス道路の整備……流市法（基本指針，四2）
　　　　　管理運営の効率化……*関税法施工令の一部改正（第1条）*⇔総合保

税地域⇒「地方公共団体の出資」を「一の地方公共団体の出資」に，「四分の一」を「十分の一」に改める。
5頁－民間事業者の物流効率化への取組み……*流市法（第47条の2）*
情報化による便宜を……*特定施設整備法（第2条第1項第3他）*
7頁－冷凍車，冷蔵倉庫等の……*食品流通構造改善促進法（第2条）*
8頁－市街地，外縁部の物流拠点の利用により，都市内に流入するトラックの交通総量の抑制に資する……*流市法（基本指針，三2(2)）*⇔流通業務地区は高速自動車国道等の高速輸送施設へのアクセス接続道路の状況等に留意しつつ，既成市街地の外周地域で土地利用上適正な位置に配置するものとすること。
11頁－大深水の国際海上コンテナターミナル……*外国埠頭公団の解放及び業務の承継に関する法律（施行規則，第6条の2他）*

など法律との相関をみていくと，以下に大きな意義を潜在している大綱であるかが理解されると思う。

　1986年（昭和61年）以降の中曽根政権の民活法（民間事業者の能力の活用による特定施設の整備の促進に関する臨時措置法・昭和61年5月30日　法律　第77号）から始まって，わが国の本格的景気回復を達成するための国際市場拡大策として様々な法律が施行，改正されて来ているのであるが，例えば，この民活法や新規事業法（特定新規事業実施円滑化臨時措置法・平成元年6月28日，法律　第59号），そして輸入・対内投資促進法（輸入の促進及び対内投資事業者の円滑化に関する臨時措置法・平成4年3月31日，法律　第22号）が，後に新事業促進法（新たな事業活動の促進のための関係法律の整備に関する法律・平成7年11月1日，法律　第128号）の第一条，第二条，第三条となってパワーアップしていることに気づき，これが何の目的を達成するための法律であるかを検証しようという疑問は，一連の法改正の流れを丹念に追い，現実社会の発現状況と照合していくという努力なくしては，得られるものではなく，また継続的な研究を休みなく行うことは不可能である。

筆者の研究に特異性があるとすれば，この法律体系を組立てることと，現実の物流業界の動向を，日本だけでなく国際的な広がりをもって現地視察と訪問を繰り返し，その間の整合性を絶えず問い掛けているからに他ならないのである。これは言うは易く，行うは難しであったが，先に述べたように，幸いにも筆者の研究を支援して頂ける方々に巡り合ったお陰で，この研究は大いに進行し，いよいよ最終目的である国際的総合物流拠点整備の現地化に眼が向くようになって来ているのである。わが国独自の物流システムの構築は，いくつかの制約条件の中で如何に効率良く本来の目的である拠点を創造し，尚且つ地域・地場産業との連携を密にして，この壮大な新規事業を達成していくかに極まるのであるが，その主体となるのは法律で明示されているように認定された民間事業者の能力に掛かっているのである。しかも，この民間事業者は，物流拠点創造のための特定事業者となって，陸海空の交通ネットワーク全体を構想し，またその組織体を一体管理しながら運営していくことになる。そして株式会社であるという経営基盤を最高度に活用して，わが国の世界戦略の枢軸としての社会資本整備を達成しつつ，国民経済を活性化する事業が今始まるのである。

　これが絵空事でないことは，前著『21世紀への潮流』で既に繰り返し指摘したように，関係省庁が一体となって実現しようとする事業であることを想起してもらえれば理解されると考える。主要な関係法律をみると，

　　建設省……流市法（法律　第110号），

　　通産省……新事業促進法（法律　128号），

　　大蔵省……関税法（法律　第61号），

　　農水省……食品流通構造改善促進法（法律第59号），

そして従来的には運輸省が主管となっていた空港や港湾の整備を核にした大綱が新・旧の「総合物流施策大綱」であることに気付けば，かってない国家的支援の下の民間事業であることが明確になると思う。ここに大綱の重要な意義が存在しているのである。

おわりに

　異例とは思うがここに筆者のこれまでの国際物流動向に関する研究の概要（流れ）を示すレジュメを掲載して，本稿を終えることにする。本来ならば，これは巻末に付録として掲載すべきものであると考えるが，筆者の研究が世界の実勢を現地で体感するという段階に入り，ここ数年内外の諸国を視察・調査するといったことになり，静態的な学問探求ではなく，動態的な現実のわが国の再生計画を捕捉し，わが国の施策・決定の動向を精査しながら研究を進め，かつその研究成果が未来指向的色彩が濃いこともあり，また一部筆者の研究理解者の便宜のために，改めて通史的にまとめながら，この国の20世紀末の約10数年と21世紀となった今日までの動向を，共有のものとして認識しておきたいと考える故である。

国際総合物流拠点創設への胎動
―岐路に立った日本丸―

1985	内需拡大要求増大　プラザ合意（G5）1ドル240円→200円
1986	民活法　　　　　　イギリス　金融自由化（ビッグバン）
1987	構造転換法　ブラックマンデー　ルーブル合意G7（1ドル→160円）
1989	新規事業法　東証一部平均株価38,9155円87銭（最高値）
1990	東西ドイツ統合（1ドル130円）
1991	食品流通構造改善促進法　ソビエト連邦崩壊　湾岸戦争　バブル崩壊
1992	輸入・対内投資促進法　マーストリヒト条約　NAFTA調印
1993	行政手続法　米クリントン政権（1ドル100円）
1994	新食糧法　ウルガイラウンド交渉で米の輸入決定

1995　新事業促進法　阪神・淡路大震災　1ドル79円75銭
1996　日本企業の海外生産額40兆円突破（輸出額を超える）

Ⅰ．わが国の社会資本整備事業と新経済計画

　「物流」が日本の再生を果たすためのわが国の重要施策として注目されるようになった直接的契機は，平成7年11月29日経済審議会（首相の諮問機関，平岩外四会長）が，新しい経済計画「構造改革のための経済社会計画－活力ある経済・安心できる暮らし」（1995－2000年度）を村山富市首相に答申したことに始まる。

　戦後，第13番目となったこの新経済計画では，

1．バブル崩壊後の経済低迷を克服し活力を取り戻すための施策として規制緩和を推進する
2．そして企業や生活者が自己責任で自由に活動できる経済社会への改革が急務である
3．わが国の高コスト構造是正のための行動計画目標に，**物流，エネルギー，流通など十分野**を最重要項目として挙げた。

　わが国の経済は1985年9月のプラザ合意（G5・ドル高是正合意，終値1ドル200円）を契機に世界一の債権国へと成長した。

　平成9年5月16日に閣議決定された「経済構造の変革と創造のための行動計画」では，新経済計画をより一層強化・推進するために

Ⅰ．新規産業の創出
　1．新規産業創出環境整備プログラムの推進
　　　（成長15分野について規制緩和，技術開発，人材育成，知的基盤整備，社会資本整備等の施策を総合的に実施→**740万人の雇用創出**）
Ⅱ．国際的に魅力ある事業環境の創出
　1．高コスト構造の是正
　　　（物流，エネルギー，情報通信）

2．企業関連諸制度の改革
3．労働・雇用制度改革
4．経済構造改革に資する社会資本整備・利用効率向上

などの項目が明示されており，これらを実現していくために，わが国で初めてと言ってよいと思われる**「関係省庁連携会議」**という横断的な取組み体制を構築した。

　『総合物流施策大綱』（閣議決定，平成9年4月4日）で重要なのは，民間事業者主導に事業を推進し，空港，港湾，高規格高速道路を一体型のネットワークで運営し，最大物流を搬入出するため日本の4カ所の港湾（東京湾，伊勢湾，大阪湾及び北部九州の中枢国際港湾）を中核拠点としてわが国の「高コスト構造の是正」と「国際的に通用する物流拠点の創設」を実現し，更に21世紀の高度情報・通信社会に向けて"質・量・コスト・タイミング"共に適合可能な新しい産業構造の変革と創造を意図していることである。

　99年度の通常国会において**「産業再生法」**や**「PFI推進法」**などの重要法案が成立。こうした法律の適用範囲はすべての行政機関や民間企業に及ぶものだけに，港湾・空港・鉄道アクセスなどの社会資本整備事業も例外ではないのである。

国家的なプラニングの継承

「新経済計画」（平成7年11月29日）⇒

「経済構造の変革と創造のための行動計画」（平成9年5月16日に閣議決定）⇒

『総合物流施策大綱』（閣議決定，平成9年4月4日）⇒

「産業再生法」や「PFI推進法」（99年度の通常国会で成立）

「新総合物流施策大綱」（閣議決定2001.7.4）

　　　　　「総合物流施策大綱」〈97年4月4日・閣議決定〉
　　　　　　　　　　　　↓

わが国が21世紀に適合する新しい社会の創造を目指す具体的な施策
圏域単位を前提とした大掛かりな社会資本整備事業

↓

日本はいつの間にか世界の進路を左右する存在となっている

↓　　　　　　　　　　そのため，

国家再建の中核を為す効果的な施策の実現が何よりも求められている。

そこで，

わが国の**産業構造を大きく転換させながら国際的な基準に適合**した
新事業の創造……物流拠点創設を前提に展開が意図されて来た。
‖
「経済構造の変革と創造のための行動計画」（平成9年5月16日）

ＶＳ　先進欧米諸国の検討

アメリカ ══ 今日世界中で最もダイナミックな「**物流**」を展開
「**産業都市**」の動脈を形成・そこから毎日24時間，年中無休で
各州・世界に向かってネット・ビジネスを展開

ニューヨーク州

都市景観の保護といった視点から実行性の高い土地利用計画や
環境問題に対して様々な法的措置がなされて来た
Port Authority of NY & NJ（空港，港湾，貿易センター）

↓　中心として

都市計画の開発理念としては，次のようになっている。

1．都市成長の誘導策⇒各国の対策検討
2．活性化対策
3．歴史的町並み，文化保存と都市景観の保存

4．ウォーターフロント計画
5．社会的基盤整備と人的資源開発計画

人間が生活していく上で欠くことが出来ないもの
⇒食物・衣料・住居⇒必需品
これはどこの国においても，またいつの時代にあっても不変的な事実

物流（Physical Distribution）
本来の目的である最終地への大量の商品を
安全にそして確実に移送及び搬送する
▼　　そのためには，
空港，港湾，鉄道，高規格道路及び一般道路の連携が必要
▼　　単独で存在したならば，
これらの輸送手段はそれぞれの特性（空と海と陸上の専用輸送機関）を
生かすだけの寸断された乗り物に止まる。
「物流」という概念
▼　　換言すれば，
生命線と生命軸 ═══ 必要不可欠

2000年より　アメリカ，欧州，中国，マレーシア視察
各国の総合物流拠点の視察
‖ **規模の格差歴然**
Port Authority of NY & NJ, FedEx 本社，
テスコ社物流センター，DHL，
パリのランジス中央卸売市場，オランダのロッテルダム港湾の地域開発，
ドイツの都市再生，中国上海の躍進，クアラルンプールの飛躍
日本は本当に先進国だったのか……

II. 日本の世界市場への飛躍策

　　　　　　総合物流施策大綱の内包する壮大なビジョンの実現

　　　　　　　　　　国家再建の礎
　　　　　　　　　　　　↓　　　なぜならば
　　　　　　→　物流という**生命軸**の創設
　　　　　　　　　すべての国民の生活を保障し経済的自由を促進
　　　　物流・情報効率化が飛躍的に進展
　　　　　　　　　　　↓　　ものの流れを最適化していく
　　　　　輸送コストの削減⇒高コスト構造の是正
＝最終消費者は，従来と同じ品物をより安くより早く入手することが可能になる。

　　　　　わが国の玄関口4ヶ所「**東京湾・伊勢湾・大阪湾・北部九州**」
　空港・港湾・鉄道・高規格道路のネットワーク化　　→　**国際物流拠点**
　　　　　　　　　　　　　　　　　　　　　　　　　　　＝**物流・ハブ基地**
　　　　高度な生産技術力を生かした良質の工業製品や食料など
　　　　　　　　国内・諸外国に供給　　　　経済効果大
　　　　　　　　　　　　　　↓
　　　　　　日本の活性化　　→　世界経済に影響＝国際貢献
　　　　　　　　　　　連鎖経済体制
　　　　　　　　　　国際的な産業構造変革
　　　　　　　　　　　　　↓　そのため，
　　　わが国の民間企業の混在力を生かした本格的な国家プロジェクト
　　　政府は物流の効率化を経済構造改革の最重要課題のひとつとして，
　　　　　　　　　　フォローアップ3回
　　　　　　　　　　　　　↓
　　　平成13年を目途に国際的に遜色のない水準の物流サービスを実現

フォローアップ結果の概要

「総合物流施策大綱」の主要施策項目は3つに分類
1. 横断的課題への対応
　　社会資本等の整備，規制緩和の推進，物流システムの高度化
2. 分野別の課題への対応
　　都市内物流，地域間物流，国際物流
3. 今後の施策実施体制
　　関係省庁の連携，地域毎の連携

　　　　　　　　物流効率化に向けて整備される交通体系
　　　　　　　　　　　　　　↓
　　　国際物流拠点をハブ基地とした新しい産業（集積地）の創造
　　　　　　　→ 既存の経済構造を大転換する機動力を持っている。
　　　　　　　　　　民間事業者が管理・運営
　　社会資本整備の事業の新手法である **PFI 推進法** が全国で急展
　　　　↓
　　　　　　　　　　　　　　　国家的威信を賭けた事業
　　国際的な地位の確保
　　　　　　　　　　　　　　　革新的事業推進の根底を
　　　　　　　　　　　　　　　保証するために
　　　　　　　　　　　↓
　　物流という枠組みで捕捉されるもの全てに法的な支援体制が構築
　　　　　　　　実現するためには，
　　　　　　わが国独特の産業構造を一度整理の必要性
　　　　　　　　　　　　　　そのための英断のひとつとして
　　省庁再編・2001年1月
　　　「日本」そのものが試されている

空港・鉄道・港湾・高規格道路等の特性を生かした交通ネットワークの成熟度増大することにより

↓

国際総合物流拠点の整備による国家再建のための施策の意義と目的が理解

↓

わが国が世界に誇るに足る日本発の民間事業者主導による総合物流拠点創造であり，ゼロ・エミッション（zero emission：汚染なし）指向の循環型社会の構築を意図した技術を中心とした21世紀型産業国家システムの実現である。

↓

2001．7．4 「新総合物流施策大綱」閣議決定

↓

「特区」構想

↓

「民間都市開発投資促進のための緊急措置決定」
　　　　　　　　　（平成13年8月28日）

↓

「21世紀日本再生計画の源流を成す事業」

あとがき

　日本及び日本人が悪い方向に変質してしまったのではないかと，実感するようになっている。20世紀半ばの第二次世界大戦を契機に，日本は結果的には民主主義国家を謳歌するようになり，それまでのわが国の状況を喝破するかのような絶対的窮乏化という言葉が記載された経済関係の労作も，今や古き時代の遺物のように，いつしか忘れられたものとなった。

　21世紀となった現状では，「日本は長らく本当に貧しい国であった」という歴史的な記憶が，もはや国民の各階層間でも希薄化し，中産階級という名の快いレッテルが貼られた1980年代から，可処分所得を自由に使用して，自分史を誰はばかることなく作っていける経済人となった。また一方で精神面に影響する封建的な社会的制約が少なくなったことは，紛れも無い事実である。そして自己責任も当然の事として認識している大多数の国民が存在していることも事実である。国民生活の資質向上も，各家庭内に当然のようにある家電製品群を見れば，わが国が「豊かな社会を実現した国」と言っても決して過言ではない。

　しかしながら，所謂バブル経済の崩壊以降，経済人となった国民の上に振りかかる景気の悪化という現象は，金融・証券・メーカーなどの大企業のトップによる人為的な営利追求のみの経営行動の結果であったと判明したことは，それが長らくわが国の経済を支えてきた源泉とされていただけに，やり切れないものとなっていることも拭えない。

　その後の政府の対応はこれまた国民の税金を，私企業の損失につぎ込むという無謀な行動に打って出てしまう始末で，気が着けば国家予算の二倍近くの国富が，どこかの業界内の帳簿上で処理されただけで，益々国民経済を逼迫させ，国家的一大事という言葉の下で，国民に我慢と辛抱を要求する二流国家になってしまっている。国に期待するものが年々少なくなるという思いが若年層まで浸透してしまっては，この国の将来は暗澹たるものであると認

めざるを得ないのであるが，果たしてわが国に，真剣に国の将来を憂慮する人材がいないのかと本心から希求する声も高まって来ている。

　筆者も人並みの感慨を抱くものであるが，研究者の立場から日々に報道される出来事や不条理な話題の数々に意識を拡散され，またそれらに左右されることなく，何か必ず国の施策の中には，国民経済を成長させ，安全と安心を確保するという大義の下での本来的な実効性をもった事業が存在するとの思いから，研究領域を特定して検証し始めたのが，「物流」という産業分野からの世界的な効率化動向であったのである。

　本書に書き記したものは，この二年間の調査研究の成果である。新旧の総合物流施策大綱という閣議決定された施策を基にして，関係分野での動向を追い，世界に名立たる大企業の本社等を訪問し，そこで経営目的や今後の方向について質問を繰り返す中で，「株式会社とは」「法人格の意義とは」「日本企業は欧米企業から一体何を学んで来たのか」「創業者理念を継承して止まない欧米の経営者と比べ日本の経営者はどうして見事な位に一律にサラリーマン意識の充満する機能的存在になってしまったのか」などという疑問が矢継ぎ早に浮かび，昔大学及び大学院の経営学の指導教授から学問の手始めとして教わった質問が自分の脳裏に去来した。

　企業研究に際しては，その視点が何よりも大切であるが，筆者としては以下のような事柄を，学生たちに提示している。その一端を掲載すると，つぎの如くである。

　「企業能力と業種選択」。こんな言葉から，企業経営について考えてみようと言っている。論文の種探しは，やはり，先ずこうした天恵がなければ難しいものである。何となく気にかかるフレーズが浮かばない限り，その言葉から事実関係を洗い出し，そして論理を延長させることは出来ないのである。視点としては，以下の通り。

　第一は，立ち上げに必要な資金力・元金の収集方法，見通し⇒採算の要諦
　　　　　外部の協力者の存在。メリット還元の方法開示と承諾。
経営理念の明確化の度合い　　　　⇒　社会貢献企業としての理念構築。

1．組織力と人材配置，
2．直接指揮・幹部（少数精鋭）と間接統治・多数の部下（専門職）
　幹部の資質向上と守秘義務の徹底
3．資質……信頼，忠誠，技能訓練，現場担当と執務担当の分離
4．本社と支社　業務命令通達と使命達成⇒相乗効果を上げるための組織作り。
5．個人としての情報収集と上司への結果報告⇒ロス・タイムの最小化
問題点
・起業家は一体どのようにして，自分の存在の場を確立していったのか。
・自分の置かれている立場を，一体どのように考えているのか。
・株式会社化の有利性をどのように認識しているのか。
　単なる遊休資本の集めやすさと税金対策だけなのか
・完璧な組織維持・構築には必ず，個人の犠牲が伴うというのは本当か
・経営の根本をどのような視点に置いているのか。
・会社に本当に必要な人材は何人ぐらいあれば良いと考えているのか
・ビジネスというものの永続性をどのよう考えているのか
・また自分の主役の期間は，どの程度と考えているのか
・わが国が法社会であることを，どの程度認識しているのかなどである。

　「百聞は一見に如かず」という教えは，問題意識のあるものにとっては，その現実が如何に予想を上回るものであっても，眼を奪われるだけの傍観者ではなく，必ず眼前の現実を自らに問い掛ける観察者となっていることを体感した者の言葉である。筆者もそれを信じ，また体験しているのであるが，それを単なる自己満足とせず，後に文章化してお世話になった関係者に送り，何らかの示唆を頂き，また現実に置き換えることを繰り返している。
　この研究を通じて改めて思ったことは，大別して2つある。第1は，国の施策を研究してく鍵は，その施策を支えている法律を捕捉しなければ，圧倒的な現実の動向の中で，終には見失ってしまうということ。第2は，これは

世界の物流視察を行なった結果を元にしたものであるが，それは「日本は本当に先進国だったのか」という深刻な思いである。換言すれば，「日本は後進国ではないのか」ということである。この思いを痛切に感じたのは，2002年6月にマレーシアに視察を行った時であった。前年の上海の浦東地区の公式訪問でも感じてはいたのであるが，クアラルンプールの発展には正直ビックリしてしまった。

　新都市創造計画の推進状況は素晴らしく，これはまるでわが国の「総合物流施策大綱」をそのまま遂行しているのではないかと思わせるほどの勢いであり，新都市創造事業が如何に大きな経済成長を約束する原動力であるかということを実感させられ，嫌なことに敗北感を覚えたのも事実である。「何故，この国の数十倍の国力と国富を生み出してきた日本に，これだけのことが出来ないのか」「日本が本気でやっていれば，こんな施設は全国に数百個ぐらい出来ていても何ら不思議はないのに」という思いは，同行者にも共通したものであった。日本は，お金の使い方を間違っているということは，他国の現状，それも発展途上国と覚えさせられてきた国々をみれば，今や子供にも一目で分かってしまう現実である。

　今回は，筆者の世界物流視察記を掲載することは出来なかったが，機会があれば筆者の世界の物流業界の動向を見る眼を紹介したいと考えている。理論と実践との相関をどこまで現実の動向の中に組み込むことが出来るかが，現状の研究姿勢を支えているのであるが，先ず，行動することから始めることで理論化の基となる現実社会を見る眼を養い，そして随所に存在する矛盾は矛盾として認めつつ，最大多数の望む方向性を抽出していくことができればと願っている。

　21世紀初頭が，これだけ世界中を渾沌の時代に逆行させることを予測した者はいないのではないか。象徴的な米国の同時多発テロによって貿易センタービルが崩壊するなどということは，映画のフィクションの世界の出来事であって，それが現実のものとなったことで事実は映画よりも奇なりを証明した。

小説を越え，映画を超えた現実とは一体なんであろうか。フィクションの世界のように完全な破滅の後に，救世主となる若者のカップルが夕陽を見ながら，明日への希望を語るラストシーンの姿だけでは，現実はとても収まらないのである。

本書の完成を目指して執筆を急いでいた2002年9月17日，小泉首相が北朝鮮へ国交正常化に向けた事前訪問が行われた。これは歴史的快挙だと認識しているが，長らく未知の国とされ，わが国にとって戦後一貫して精神的脅威を抱かせた国であっただけに，外交及び国際社会との関係正常化の複雑さに驚き，そして今後の歴史的転換を果たす道のりの遠さに改めて「維持」の難しさを痛感した次第である。現状での世論の推移は省略するが，日本人として，また日本国民として歴史を真剣に考えなければならない時代に突入してしまったと感じている。

哲学者カントの言ではないが「本質は抽象であり，現象は具体である」ということの真意をもっと汲み取るべきであると考える。現実の具体性は，それに至る動機や経緯を忘れさせる程の圧倒的な情念を惹き起こしてしまうだけに，大衆心理は日常の習いを延長させた批評の世界に終始することになり，大局を誤る方向を醸成し，一つの運動にまで発展していく。その後はどのようになっていったかという歴史の恐さを知っている世代がまだ多数存在している内に，何か出来事が起こると，一つの方向性に収斂していく傾向の強いこの日本の現状に対して，冷静な歴史の評価を元にした発言がもっと増えていくことを切に望みたい。「あらゆることは相対化しなければ意味がない」というのも，歴史に名を残した哲学者や思想家たちの残した究極の知恵であったからである。

最後に，社会を見る眼の研鑽は非情と無常を垣間見ながら夢のある方向を追いつづける中に，いつしか自分の世界観や価値観の平準化を迫るものなのかもしれない。筆者も多様な現象面での研究領域を広げながら世界を見，そして内外の現場の担当者の方々と話し合う中で，気が付けば自意識は常に，「自分対世界」という構図になってきている。勿論，この場合の世界とは

「自分の頭の中にある世界」であり，概念構築であるが，この概念の創造こそが思考の最大の産物であるだけに，今後も出来る限り脳裏に描き出されたものを目に見える形となるように研鑽していきたいと考える次第である。

2003年1月19日

大　島　俊　一

著者略歴

大島俊一（おおしまとしかず）
 1951年 兵庫県に生まれる
 1978年 中京大学大学院商学研究科博士課程修了
     同年，鈴鹿短期大学専任講師
 1990年 中部大学経営情報学部助教授
 1995年   同   教授
 1996年 中部大学産業経済研究所長
 1998年 商学博士
 専　攻 経理管理論，経営学

主要著書

『現代企業論講義』（共著，中央経済社，1989年）
『現代経営管理論』（共著，八千代出版，1993年）
『経営情報学への招待』（編著，成文堂，1994年）
『経営情報学への展開』（編著，成文堂，1994年）
『経営管理論の史的研究』（単著，成文堂，1994年）
『ビジネスと経営管理』（単著，成文堂，1995年）
『近代的管理の成立』（単著，成文堂，1997年）
『21世紀への潮流』（単著，成文堂，2001年），その他

経営品質の時代
－世界 vs 自立－

2003年1月30日　初版第1刷発行

著　者	大　島　俊　一	
発行者	阿　部　耕　一	

〒162-0041 東京都新宿区早稲田鶴巻町514番地
発行所　株式会社　成文堂
TEL 03(3203)9201　FAX 03(3203)9206
http://www.seibundoh.co.jp

製版・印刷　藤原印刷　　　　　　　　製本　佐抜製本
© 2003 T. Oshima　　Printed in Japan
☆落丁・乱丁本はおとりかえいたします☆
ISBN 4-7923-5046-8 C3034　　　　　　　検印省略

定価(本体2300円＋税)